e

Coraje

Nueve vidas, nueve lecciones
de resiliencia y liderazgo

Madrid, 2025

Adela Balderas Cejudo

Coraje

Nueve vidas, nueve lecciones de resiliencia y liderazgo

Prólogo de Eneko Atxa

Junio, 2025

Coraje: Nueve vidas, nueve lecciones de resiliencia y liderazgo
Adela Balderas Cejudo

© 2025, ESIC EDITORIAL
Avda. de Valdenigriales, s/n
28223 Pozuelo de Alarcón (Madrid)
Tel.: 91 452 41 00
www.esic.edu/editorial
@EsicEditorial

ISBN: 978-84-1192-174-9
Depósito Legal: M-11945-2025

Diseño de cubierta: Zita Moreno Puig
Selección y búsqueda de imágenes: Carolina Martínez Pascual
Maquetación: Santiago Díez Escribano
Lectura: Myriam Mieres
Impresión: Gráficas Dehon

Un libro de

Editorial

Impreso en España – *Printed in Spain*

Este libro ha sido impreso con tinta ecológica y papel sostenible.

A todas las personas extraordinarias de mi vida.

A mi madre.

Índice

Agradecimientos

Biblioteca Nacional de España. Servicio de reproducción
de Documentos Jane Goodall Institute of Canada

Instituto Jane Goodall en España

Periódico *Expansión*

Athens Conservatoire Archives, Stathis Arfanis Archive-Collection
Archivo Fundación Federico García Lorca. Centro Federico García Lorca
William J. Clinton Presidential Library

Musée d'Orsay

Cristóbal Balenciaga Museoa

Casa Beethoven en Bonn

Carolina Martínez Pascual por la búsqueda y selección de imágenes

Prólogo de Eneko Atxa

E scribo estas líneas entre el agradecimiento y la desconfianza de estar a la altura de lo que en las próximas paradas de este viaje al que os invita este libro vais a encontraros.

Adela, alma sensible, corazón de bondad infinita, ojos de niña que mira todo como si de la primera vez se tratara, nos adentra en mundos de luces y sombras también, nos muestra a modo de excusa a figuras relevantes que por encima de todo nos regalaron ejemplos a pesar de la crudeza en forma de penitencia que vivían en sus mundos llegados desde el exterior, pero que se acomodaron en sus mundos de interior.

La doctora Balderas nos muestra caminos, no nos adoctrina; solo susurra con su característica sutileza que admiremos y disfrutemos de la belleza en todas sus formas, las figurativas y las más abstractas, esas que eclipsan lo cruel, lo incompresible, lo burdo… con humildad, armonía, placer por la perseverancia y la búsqueda de lo extraordinario que cada individuo lleva tatuado en su ser.

No puedo ocultar que los trabajos que componen esta obra me han hecho cuestionarme a mí mismo, irritarme; también me han conmovido, porque las palabras, estas reflexiones, han hecho que mis pensamientos e instintos bailen el mismo vals aunque sea descoordinadamente y pisándose sin cesar, como dos entes que nunca danzaran al mismo son, pues su destino es la contradicción, la enemistad de dos signos que se aman pero no pueden consumarse en un solo «objeto».

Somos contradicciones andantes; admitámoslo y pensemos que ser críticos con nosotros mismos es bueno; permitámonos fallar y equivocarnos sin avergonzarnos; sintamos que ver y admirar la belleza de lo que otros hacen nos hace más humildes, felices y mejores y que debemos disfrutar de lo bueno aunque esto sea enemigo de lo extraordinario.

Para extraordinaria, esta obra que aquí nos brinda un ser de luz, ADELA.

ENEKO ATXA
Chef, 3 estrellas Michelin

Introducción

E scribo este libro con un pellizco en el estómago, con la emoción y el vértigo por testigos fieles, y con el pudor como acompañante, por tratarse coraje de una palabra que forma parte de mi yo más profundo, de mi historia, de mi piel; y de la historia de tantas personas que no sabían que su lucha podría dar como resultado sueños cumplidos.

Coraje es mi rana que se convirtió en príncipe; es todo aquello que costó tanto. Coraje es sinónimo de admiración, esa admiración que han despertado todas y cada una de las personas que protagonizan este libro, que nos ayudan a comprender que la resiliencia, la determinación y la autoconfianza nos dan la posibilidad de volar.

La vida trae muchas cosas. Y también sorpresas. A veces llegan de forma inmediata, sin previo aviso, como un catarro de verano, como una llamada inesperada, como el hipo inoportuno, como una sonrisa furtiva, como un guiño clandestino. Otras veces llegan de manera reposada, no esperada, no pensada, con sigilo, de puntillas.

Y eso es precisamente lo que me ocurrió cuando comienza mi andadura con el periódico económico *Expansión* de la mano de Emelia Viaña Villaverde. Inicié la colaboración con artículos centrados en liderazgo, que se han ido conectando y entrelazando con reflexiones e historias de vida de personas que nos han dejado y siguen dejando una huella imborrable y un legado eterno.

Este libro está creado y escrito para leerse en paralelo, en paralelo la historia ajena y la observación de la propia. Con un foco en las organizaciones, pero también en el aprendizaje inspirador e inesperado que nos dejan las historias de lucha, de pasión, de incomprensión, de desengaño, de asombro, de curiosidad, de conocimiento y de búsqueda.

Todas las historias están entretejidas por un coraje inquebrantable, por la capacidad y el ímpetu de avanzar a pesar de todo y de todos, con el arrojo y la determinación de quien siente que hace lo que debe hacer. La resiliencia y el coraje se acompañan mutuamente en cada capítulo, de la mano, con paso trémulo en ocasiones y decisión firme; marcaron su camino y su futuro; forjaron su arte. Y guiarán indudablemente nuestro propio camino.

Y tras cada historia aparece una ventana al mundo actual, una reflexión al universo de las empresas, una parada técnica para anotar, leer más, escribir, investigar; una *B side*, la otra cara del disco, en la que toca mirarse al espejo si así se quiere. En el mundo discográfico las caras B de los vinilos permitían a los artistas explorar, experimentar y desarrollar su música de manera diferente, escondiendo a veces auténticas joyas.

En *Coraje: Nueve vidas, nueve lecciones de resiliencia y liderazgo*, la cara B es nuestro recorrido personal, nuestro trabajo, nuestra reflexión, nuestras lecturas y ojalá que la respuesta a alguna búsqueda y la provocación a la acción. Es un paseo en el que puede escogerse el camino, la ruta y la incursión en una de esas vidas que hacen reflexionar sobre genios, liderazgo, aprendizajes y enseñanzas. Dijo Goethe: «Todo aquello que puedas o sueñes hacer, comiénzalo. La audacia contiene en sí misma genio, poder y magia».

Cada una de las historias reales de personas reales en momentos reales tiene —como casi siempre que se mira en vida ajena— una mirada personal. En todos los casos, de enorme admiración. Tanta es la admiración que en muchas ocasiones enmudecía a la autora; me enmudecía, casi inmovilizados mis dedos al escribir, paralizados ante tanta fascinación al adentrarme en cada universo.

Hay lecciones del pasado que predicen o anticipan comportamientos futuros, ecos que nos recuerdan lo esencial y lo importante de revisitar cada palabra, cada cualidad, con el coraje y el arrojo como eje y corazón de cada historia; y la gratitud y el perdón como pura declaración de intenciones, porque la gratitud y el perdón liberan el alma.

Y precisamente desde ahí comenzamos, desde la gratitud. Este libro es parte de mí no por ego ni por autobombo complaciente, sino porque siento que transmite algo más profundo que mi propia voz. Y de la gratitud al perdón, porque parece que son esas palabras que nos enseñan en la infancia como cortesía y olvidamos de adultos como costumbre.

Así arranca *Coraje*: con la gratitud por delante, con la gratitud por bandera, con la gratitud como guía y como norte de un libro que no es solo una compilación de nueve historias ni es un dibujo biográfico de cada una de las personas que lo forma. Es quizás más una búsqueda compartida para ofrecer y aportar lo que a la propia autora le ha aportado cada una de esas vidas. Y busca agradecérselo a esas nueve vidas. Y a todas las demás.

Léanlo en el orden que deseen. O en el orden que cada historia les escoja.

«No sabemos lo que nos pasa y eso es precisamente lo que nos pasa».

JOSÉ ORTEGA Y GASSET

PARTE I
DE LA GRATITUD AL PERDÓN

1

De la gratitud. Anatomía de la gratitud

Se atribuye a Cicerón una de esas frases que se hacen citas virales por aquello de que enmarca pensamientos de una manera contundente: «La gratitud no es solo la mayor de las virtudes, sino la madre de todas las demás».

Quisiera confesarles algo; quisiera compartir una preocupación, que tiene mucho de observación, de intuición y es posible que de mirada crítica. Y, sin ser reproche, llevo un tiempo que observo y siento escasez de gratitud, cierta tacañería en este asunto de reconocer, miopía ante lo importante de dar las gracias. Y lo siento tanto de manera casual cuando ayudas a alguien con algo, en la calle, en las tiendas, en casa, en la vida y... cómo no, en el mundo de la empresa, ese mundo que no deja de ser vida también, vida muy visitada, por cierto.

Así que, por poner un poco de orden y algo de concierto en el tema, comienzo por explicar mi inquietud y avanzo hacia la ciencia por si los datos dan ese momento de inspiración o de confirmación, para acabar donde debemos, en el corazón. Porque, como decía Baltasar Gracián, de nada sirve la razón si el corazón se queda atrás.

Vivimos en tiempos rápidos: tiempos de IA y de café para llevar; de gimnasio 24 horas y series de 29 minutos; de trenes bala y moda rápida; de canciones de dos minutos y de relojes avispados; de aplicaciones para resumir películas y de arroz de microondas. Y en esta prisa vital parece que se nos olvidó lo esencial, aquello que el principito decía que «era esencial a los ojos».

Y, aunque el refranero nos recuerda que «es de bien nacidos ser agradecidos», y existe (para mi sorpresa) el Día del Agradecimiento (11 de enero), parece que la gratitud nos cuesta cada vez más, quizás por esa prisa moderna o es posible que por vivir en tiempos de individualismo y redes sociales que aíslan y se visitan en solitario.

Hacer bien nos hace bien

Adelantado ya el porqué de mi preocupación, a grandes pinceladas adelanto el final y la moraleja: es esencial dar las gracias, corresponder, devolver, apreciar, valorar. Así, sin más, porque sí —como decían los padres *boomers* de antaño, sabiendo lo que nos hacía bien, sin explicación ni miramientos—; por educación; por cortesía; por gratitud; y añadan a la lista algo que nos dice —y asombra— la ciencia y está demostrado: hacer bien nos hace bien. Afirma la neurocientífica y catedrática de fisiología Raquel Marín que detrás del agradecimiento se activan mecanismos como la toma de decisiones o la empatía y conlleva además enormes beneficios como la reducción del estrés o la autoestima.

Y sumando pinceladas, aportemos más datos. La Dra. Immaculata De Vivo, epidemióloga de la Harvard Medical School y una de las máximas exponentes mundiales del estudio de la genética del cáncer, y Daniel Lumera, referente en ciencias del bienestar, combinan en su libro *Biología de la gentileza* ciencia y consciencia de una manera clara y muy concisa. Cabe exponer a qué denominan los autores «gentileza» y conviene, además, por tratarse quizás de una palabra que suena a antigua o *vintage* casi —según se la mire—, aunque se siente actual y necesaria. Para los autores, gentileza es todo lo que hacemos de modo desinteresado, sin esperar una recompensa y con el único objetivo de hacer que otra persona se sienta bien. Y afirman que la gentileza resulta ser la mejor estrategia evolutiva para tener una vida larga, sana y feliz.

Y en esa gentileza, la gratitud juega un papel estelar. Porque dar las gracias sienta bien y nos sienta bien que nos den las gracias, como en un maravilloso círculo perfecto. Nos sienta bien en la vida y en la vida en las organizaciones.

Buscando desgranarlo un poco más, en la página web de Naciones Unidas podemos encontrar una definición de la gratitud:

> La gratitud, la cualidad de ser agradecido, consiste en apreciar los aspectos (no materialistas) de la vida y la voluntad de reconocer que los demás desempeñan un papel en nuestro bienestar emocional. Es una emoción fuertemente relacionada con la salud mental, la satisfacción vital, el optimismo, la autoestima, las relaciones sociales y la felicidad que perdura a lo largo de la vida. Es una habilidad esencial para lograr el autoconocimiento y la autogestión.

Sí, si lo están pensando, creo que efectivamente merece la pena releer la definición antes del siguiente paso que es hacer una parada por el mundo de las organizaciones.

Gratitud y liderazgo

Las personas que lideran equipos a menudo creen que deben buscar la solución perfecta a problemas diferentes en sitios complicados. En este tiempo cambiante, veloz, en el que la palabra *incertidumbre* se ha vuelto cierta y casi un mantra en el que habitamos, conviene tener algo claro. Esta es la afirmación escalofriante, la pincelada final para ojalá darnos cuenta de la importancia de lo esencial. Las personas nos desenamoramos de las organizaciones y de quienes las lideran por varias razones, y hay una que brilla con luz o sombra propia: por no sentirnos valorados.

Y a menudo una puerta a la solución es simplemente dar las gracias. Aunque, cuidado, lo simple no siempre es lo fácil.

El agradecimiento jugaría un maravilloso rol de ser conscientes de la importancia de que debe ser genuino, de ser conscientes del poder de observar las pequeñas cosas, los pequeños detalles y matices. Porque para dar las gracias de manera poderosa hace falta el mágico poder de la observación; la sensibilidad para percibir más allá de lo obvio, la humildad para estar atento a todo lo que acontece, la actitud de querer hacer mejores a los demás y la extraordinaria capacidad de empatizar cuando es esencial empatizar. Porque dar las gracias abre la puerta a conversaciones que marcan. Porque a estas alturas de esta anatomía de la gratitud conviene recordar algo contundente: las personas agradecidas son más felices.

Y, como el verdadero cambio siempre empieza con las pequeñas cosas, con los pequeños gestos, los animo a algo que desvelábamos al inicio como una táctica para que nos dejara la huella del recuerdo, como con la cita atribuida a Lao Tse: «El agradecimiento es la memoria del corazón». Demos más las gracias.

2

Al perdón. «Errar es humano, perdonar es divino, rectificar es de sabios»

Como un resorte. Con varias... o yo diría que me ha ocurrido con muchas personas. Y resulta cuando menos curioso cómo me han llevado a mi propia vida, a mi propia historia. Casi a mi propia esencia. Y es que, cuando escribí «Anatomía de la gratitud», ese texto anterior que han podido leer, casi de manera inmediata las personas con las que hablaba del tema, personas que me han leído y contactado, que han querido sumar, aportar y casi participar de una manera absolutamente generosa, como un *coworking* de la escritura, me han llevado hacia un camino que no era un callejón sin salida, sino más bien un trayecto con retorno; me han dirigido hacia una palabra: perdón.

Mi madre me dijo en varias ocasiones una frase que ha vuelto a mí en diferentes momentos por muchas circunstancias: «Errar es humano, perdonar es divino». Nunca busqué su procedencia hasta ahora, hasta esta maravillosa provocación de mirar más allá de la palabra perdón, de pensar en más de esas seis letras. Y les cuento que la frase se le ha atribuido al poeta británico Alexander Pope

(1688-1744) y, aunque la autoría no está consensuada, sí parece que la frase tiene continuación, tercera parte, como un tercer acto de una gran obra. Y queda así: «Errar es humano, perdonar es divino, rectificar es de sabios». Desde luego mi madre no dejará de sorprenderme. Y tampoco la frase.

Hace no demasiado tiempo alguien me preguntó: «¿De qué te sientes orgullosa en tu vida?». Creo que lo primero que me vino a la cabeza sin el filtro de buscar la respuesta correcta, sino como ese resorte que va directamente al corazón fue... de haber perdonado. No lo supe en su momento, pero lo voy sabiendo con el tiempo; voy entendiendo el bien que me hizo, el bien que me sigue haciendo. Porque perdonar libera, transforma, rescata. A todos los niveles, y el mundo del trabajo no es una excepción sino todo lo contrario.

El perdón en el mundo de la empresa

Una cultura de empresa que promueva la empatía, la responsabilidad y el aprendizaje de los errores puede fomentar un gran escenario para poder equivocarse y aprender, para aceptar los errores, los ajenos y los propios. Para salir de la trampa de la perfección. Para perdonar y perdonarse.

Everett Worthington, ingeniero nuclear, investigador, doctor en Psicología y profesor emérito en la Virginia Commonwealth University, ha dedicado su existencia a estudiar el perdón. Y lo impactante de su vida es que sus libros se convirtieron en honda verdad personal. Su madre fue asesinada. Y el apetito de venganza era la respuesta probablemente natural. En una entrevista a *La Vanguardia* Worthington cuenta:

> Cuando me enteré tenía junto a mí el bate de béisbol y pensé: «Ojalá estuviera aquí ese tío, le daría con el bate hasta matarlo». En realidad, mi reacción era peor que la suya, porque yo era un hombre más maduro y un experto en el perdón, y pese a ello lo habría matado a golpes.

En la entrevista, el periodista atina —quizás por lo duro de la historia— a decir un «normal»…, a lo que Worthington responde: «¿Quién tiene el corazón más oscuro: él, que al ser sorprendido mata, o yo que con toda la intención decido que quiero matarlo? Darnos cuenta de que no somos mejores que los demás es revelador».

Y en ese «¿Quién tiene el corazón más oscuro?» me he quedado enredada, porque enmarañarse no es difícil, porque quedarse en el rencor atrapa. Porque en la frase «perdono, pero no olvido» está el engaño que enferma.

Tener rencor y resentimiento, no perdonar, tiene graves repercusiones en la salud: eleva el riesgo de infarto y debilita el sistema inmunitario. Y por si necesitábamos algún dato, Worthington nos lo proporciona: el rencor eleva los niveles de cortisol, lo que provoca que los tejidos neuronales reduzcan su grosor un 25%; se nos encoge el cerebro. Y también afecta a las funciones digestivas, sexuales y respiratorias; influye en todos nuestros órganos y afecta a nuestra salud mental.

Decidir perdonar es racional; perdonar entendiendo es emocional. Y sano. William Shakespeare escribía, pensaba, investigaba y recitaba teniendo en cuenta el poder del perdón: «El perdón cae como lluvia suave desde el cielo a la tierra. Es dos veces bendito; bendice al que lo da y al que lo recibe».

Y quizás no deba ser una hazaña quijotesca, sino tener la clara intención de empatizar, de recordarse que equivocarse es parte de la estadística, que las personas erramos, que la cultura de la confianza pasa por que las personas de las organizaciones tengamos la posibilidad de equivocarnos y aprender. Y es precisamente de ese aprendizaje de donde surge la magia. Porque la cultura organizativa juega un papel crucial en la innovación, y, sin embargo, a veces la propia cultura ahoga, castiga, limita y disfraza de fracaso los intentos. Porque innovar lleva casi implícito equivocarse, intentar, errar para rectificar. La manera de innovar, según el profesor de estrategia e innovación de Babson College Jay Rao, es «equivocarse mucho, rápido y barato para acertar», pero equivocarse a base de experimentar y fallar, de prueba-error, de constancia, de avanzar con más certeza.

Escucho a Brenda Lee su «*I am sorry*», esa canción de los sesenta que en cuanto suenan los primeros acordes sientes que siempre ha estado, que forma parte de la banda sonora de nuestra vida. Y pienso que en este recorrido del *Quijote* a Shakespeare pasando por el Dr. Worthington, Brenda Lee y el mundo actual de las organizaciones, del tiempo de replantearnos la forma en la que trabajamos, lideramos y vivimos, las cosas importantes se vuelven cruciales.

Y si de hazañas y *Don Quijote* hablamos, el propio don Quijote, volviéndose a Sancho, le dice: «Perdóname, amigo, de la ocasión que te he dado de parecer loco como yo, haciéndote caer en el error en que yo he caído de que hubo y hay caballeros andantes en el mundo».

Comprendo ahora a todas las personas que me sugerían hablar del perdón como esos básicos esenciales.

«El perdón libera el alma, hace desaparecer el miedo. Por eso, el perdón es un arma tan potente», dijo Mandela, premio nobel de la paz en 1993.

Perdónenme si me pongo demasiado poética al compartir *Invictus*, ese poema de 1875 de William Ernest Henley que el expresidente africano atesoró en una hoja de papel durante los 27 años que estuvo en prisión.

Más allá de la noche que me cubre
negra como el abismo insondable,
doy gracias a los dioses que pudieran existir
por mi alma invicta.
En las azarosas garras de las circunstancias
nunca me he lamentado ni he pestañeado.
Sometido a los golpes del destino
mi cabeza está ensangrentada, pero erguida.

Más allá de este lugar de cólera y lágrimas
donde yace el horror de la sombra,
la amenaza de los años
me encuentra, y me encontrará, sin miedo.
No importa cuán estrecho sea el portal,
cuán cargada de castigos la sentencia,
soy el amo de mi destino:
soy el capitán de mi alma.

Comprendo ese «errar es humano, perdonar es divino, rectificar es de sabios».

Perdón, esas seis letras…

PARTE II
NUEVE VIDAS

Retrato de Audrey Hepburn.
Fuente: Pxhere.com.

3

Generosidad en blanco y negro: Audrey Hepburn

«Elige el día. Disfrútalo hasta el fondo. El día como viene. La gente tal como viene... Creo que el pasado me ha ayudado a apreciar el presente y no quiero estropearlo al preocuparme por el futuro».

AUDREY HEPBURN

Una confesión

Lo confieso: soy una de esas millones de personas que encuentran en Audrey Hepburn algo mágico, algo que cautiva más allá de sus películas, de su estilo chic y del diseño de su vestuario. Quizás el encanto que se torna en embrujo radica en que nunca se creyó especial y el ego no fue asociado a su nombre. Comienza un capítulo dedicado a Audrey del libro *Divas rebeldes*, de esta manera: «Audrey Hepburn, la actriz más idealizada de la época dorada de Hollywood, fue una joven insegura y acomplejada con su físico que nunca se sintió un icono».

Se me hiela la sangre al releer la frase, como un ataque de empatía sin filtro. Conozco detalles de su historia en parte por lo leído aquí y allá, y, sin embargo, de pronto, puedo sentir su dolor más allá de su *Desayuno con diamantes*. La propia Audrey menciona la agonía por la que pasaba antes de hacer cualquier cosa, con el esfuerzo como compañero inseparable de viaje...

> Me pidieron que actuara, cuando no podía cantar, y que bailara con Fred Astaire cuando no podía bailar; y que hiciera toda clase de cosas para las que no estaba preparada. Todo lo conseguí trabajando arduo y enfrentándome a mis miedos.

De «puntillas»

¿Sentía Audrey ese síndrome del impostor del que tanto se está escribiendo y del que han hablado personas como Sheryl Sandberg, Paco de Lucía, Meryl Streep, Natalie Portman, David Bowie, Emma Watson, Lady Gaga, Michelle Obama... En 1978 se publica el artículo «El síndrome del impostor en mujeres de alto rendimiento: dinámica e intervención terapéutica» por la Dra. Pauline R. Clance y la Dra. Suzanne A. Imes. «La mayoría de las personas que sufren el síndrome del impostor no dirían que se sienten como impostoras. Pero cuando oyen hablar sobre el tema a menudo exclaman: "¡Así es exactamente como me siento!"», asegura la Dra. Clance. Afirman las doctoras que los síntomas clínicos más frecuentes son la ansiedad generalizada, la falta de confianza en uno mismo, la depresión y la frustración relacionada con la incapacidad de alcanzar los niveles de logro autoimpuestos.

Esa sensación que es más que un sentimiento que no hace humilde sino pequeña, como si la suerte hubiera sido la auténtica protagonista de lo que sucede en tu vida, donde sientes que te cuelas de puntillas. Y ese «de puntillas» no es precisamente para iniciar una función de *ballet* de las que apasionaban a Audrey, sino con el miedo constante de que algo se rompa o alguien se dé cuenta de la carencia de valía, del triunfo llegado por el azar.

Su vida es una historia de elegancia mucho más allá de la moda. De éxito en blanco y negro. Nacida el 4 de mayo de 1929 en Bruselas, fue descendiente de una familia de la aristocracia holandesa, los Van Heemstra. Su padre fue banquero; su madre, una noble angloneerlandesa, y su abuelo estuvo muy ligado a la corte. Los sueños de una niña de diez años pronto se desvanecieron con el estallido de la Segunda Guerra Mundial y su infancia terminó marcándola para siempre. Uno de sus hermanos fue llevado a un campo de concentración; el otro se perdió en los ataques de la resistencia; y su primo y su tío fueron fusilados.

Como la mayoría de los niños y las niñas de la época y de la zona, sufrió un periodo de grave malnutrición. Este capítulo amargo de su vida le dejó huella en su carácter, en la mirada melancólica, además de una anemia y algunas complicaciones respiratorias que acarreó el resto de su vida.

Para protegerse de la guerra, se trasladó con su madre al pueblo holandés de Arnhem, donde acudió al conservatorio para estudiar piano y *ballet* clásico, que compaginaba con sus estudios escolares. Audrey Hepburn estuvo del lado de la resistencia y la apoyó actuando en espectáculos de danza para recaudar fondos e hizo de mensajera en varias ocasiones. Recibió alimentos y ayuda médica por parte de la UNRA, la que más tarde sería Unicef. Aquel capítulo quedó grabado a fuego en su memoria y sentó las bases de su verdadera empatía, de su solidaridad, de su compromiso y de su gratitud. «La guerra me convirtió en una persona fuerte y terriblemente agradecida por lo bueno que vino después».

Comenzó interpretando pequeños papeles hasta que el éxito llegó, pero no lo hizo en forma de brillo cegador, quizás porque Audrey estaba centrada en la búsqueda constante y decidida de la esquiva felicidad en su vida personal. Y lo que marcaría su vida de manera honda fue su solidaridad. Su último acto fue dar voz a los más necesitados, más allá de un sentido tributo a la ayuda que recibió ella misma de niña como víctima de la Segunda Guerra Mundial. Fue nombrada embajadora de buena voluntad por Unicef y visitó las zonas más devastadas del planeta. Las misiones la enfrentaron a una devastadora realidad para la que confesó no estar preparada. Y su generosidad la llevó a dar más allá de sus fuerzas.

Generosidad que transforma

Mucho hay de lo que aprender con respecto a la generosidad a todos los niveles y el profesional no se hace a un lado en cuanto a este asunto se refiere. Si damos un salto a la historia de los pensadores, nos encontramos casi de bruces con que, alrededor del año 350 a. C., Aristóteles plasmó sus ideas sobre la generosidad en *Ética a Nicómaco*, sosteniendo que la generosidad involucra brindar y compartir de manera adecuada y proporcionada. Aristóteles afirmaba que la generosidad no solo beneficia a la comunidad, sino que también repercute positivamente en la persona altruista. Creía Aristóteles que la generosidad desempeña un papel fundamental en el cultivo de la virtud y en el desarrollo de un carácter más bondadoso, lo que, a su vez, resulta esencial para alcanzar la felicidad.

Audrey resumía muy bien lo que decía Aristóteles. Lo resumía con su mirada y también con sus palabras: «Con el tiempo, descubrirás que tienes dos manos; una para ayudarte a ti misma y otra para ayudar a los demás». Audrey traspasa las pantallas, nos invita a soñar en sus películas y a reflexionar en la vida real. Leer el diario de Ana Frank, aquella niña que con 13 años escribía en la oscuridad del miedo, le rompió el corazón: «Nunca he vuelto a ser la misma», afirmó. Ana soñaba con ser actriz y la actriz jamás pudo hacer de Ana cuando le pidieron interpretar el papel sintiéndola «hermana de alma».

El rastro inspirador de Audrey Hepburn es el de una mujer excepcionalmente generosa, con otra forma de entender incluso la fama. Y el de Ana Frank quizás puede resumirse en una frase, su frase «no veo la miseria que hay, sino la belleza que aún queda».

En la cara B

 Este mundo camaleónico necesita y reclama con voz propia una reflexión individual desde una perspectiva global; necesita un nuevo estilo de liderazgo coherente, resiliente, humanizado y humanista, con cabeza y fuertes dosis de corazón; un liderazgo consciente de que las personas no solo importan, sino que son la razón de ser de una manera genuina, más allá del «maquillaje» empresarial.

Durante décadas el liderazgo ha sido diseccionado, analizado y estudiado desde diferentes posturas y enfoques buscando el procedimiento preciso, la receta perfecta, la fórmula ideal. No tengo la certeza de si ahora es más necesario que nunca; quizás siempre fue así, pero desde luego en este tiempo de fuga de talento, de necesidad de cuidado en salud mental y de bienestar, de búsqueda en el equilibrio entre nuestra vida profesional y la personal, de optimismo trágico… quizás sí es momento de aspirar y pedir algo más por parte de quien nos lidera. Y en ese «algo más», la generosidad no puede hacerse a un lado. Una persona líder tiene que ayudar a crecer a los demás como parte de su compromiso, como parte de su misión; debe entender y sentir el propósito, crear valor y ser generosa, por lo que de generoso tiene el hacer mejor a las personas, clave de y para un líder.

Muchos estudios señalan el poder de la generosidad y lo que aporta a la persona generosa. El estudio *The Science of Generosity* en The Greater Good Science Center de la UC Berkeley afirma que dar apoyo social —tiempo, esfuerzo o bienes— está asociado con una mejor salud general —física y psicológica—, mayor bienestar e incluso el voluntariado se asocia con un retraso de la mortalidad. En *The Magazine of Harvard Medical School*, en el artículo «What we get when we give», ese qué obtenemos cuando damos se repite en una conclusión clara: además de ayudar a los demás, puede ser beneficioso para la salud. Y para nuestra felicidad.

Y vistos los hechos, indaguemos un poco más. En 1936 Charles Chaplin escribió, protagonizó y dirigió la película *Tiempos modernos*, con un profundo mensaje sobre la importancia de preservar la humanidad en un mundo deshumanizado. ¿Cómo nos vería hoy ese Charles Chaplin observador de la vida cotidiana, de la realidad más actual, del presente más sincero? ¿Cómo sería hoy su *Tiempos modernos*? Quizás una de sus citas nos deja una pista: «No tengas miedo de los obstáculos, son solo oportunidades disfrazadas». Hoy su mensaje parece más actual y moderno que nunca.

Es innegable que precisamente ahora el foco en lo humano encaja a la perfección, como la última pieza de un puzle. Y la generosidad cumple un papel estelar en la vida en general y en el liderazgo en particular. Parece que es tiempo de llenar de humanización el mundo que está por venir, allí donde los algoritmos de la inteligencia artificial no pueden llegar.

Sumerjámonos en Audrey Hepburn y otras voces que confirman con el ejemplo y la investigación que la generosidad hace más grandes.

Para ver y escuchar

Audrey Hepburn: *In Her Own Words*

Este documental —como muestra, les dejo el tráiler— ofrece una mirada profunda a su vida y su carrera.

> Se puede ver el vídeo escaneando el QR o a través del siguiente enlace: https://www.youtube.com/watch?v=FaRam7n_1ml

Robert Waldinger y su Ted Talk: What makes a good life? Lessons from the longest study on happiness

El psiquiatra estadounidense y profesor de la Universidad de Harvard Robert Waldinger dirige el estudio científico más largo de la historia sobre la felicidad. Junto con Marc Schulz, doctor en Psicología Clínica por la Universidad de California en Berkeley, escribe *Una buena vida* y acompañando a muchas personas a lo largo de ese estudio se preguntan y nos preguntan: ¿qué nos hace felices? Cuidar a y de los demás, dar las gracias, reconocer, la generosidad, disfrutar de lo bueno, de lo simple y de lo puro. Así de sencillo, así de complicado.

> Se puede ver el vídeo escaneando el QR o a través del siguiente enlace: https://www.ted.com/talks/robert_waldinger_what_makes_a_good_life_lessons_from_the_longest_study_on_happiness

Para leer

En la página web de Unicef, hay un espacio dedicado a Audrey como embajadora de Unicef, encabezado por esta cita:

> «Puedo dar fe de lo que Unicef significa para los niños, porque yo estuve entre los que recibieron ayuda alimentaria y médica después de la Segunda Guerra Mundial. Tengo una gratitud y confianza duraderas por lo que hace Unicef».

Se puede ver el vídeo escaneando el QR o a través del siguiente enlace:
https://www.unicef.org/goodwill-ambassadors/audrey-hepburn

Tips *de liderazgo: el boomerang de dar y recibir*

Se puede acceder a la web escaneando el QR o a través del siguiente enlace:
https://forbes.es/forbes-women/378115/generosidad-que-inspira-reciprocidad-liderazgo/

Síndrome del impostor

Este es un *link* al test del síndrome del impostor en la propia página web de la Dra. Pauline Clance. Nada es determinante, pero quizás hay pistas y mensajes que escuchar.

Se puede acceder a la web escaneando el QR o a través del siguiente enlace:
https://www.paulineroseclance.com/impostor_phenomenon.html

Algo especial

Audrey, la generosidad y la amistad

Audrey Hepburn rinde un elocuente y sentido homenaje a su amigo y homenajeado Cary Grant en 1981. El Kennedy Center Honors es un galardón anual que se concede a los profesionales de las artes escénicas por su contribución a la cultura estadounidense a lo largo de toda una vida.

Se puede acceder a la web escaneando el QR o a través del siguiente enlace:
https://www.youtube.com/watch?v=rKgyBw6SHuc

Moon River

Se puede acceder a la web escaneando el QR o a través del siguiente enlace:
https://www.youtube.com/watch?v=OJRNcrBlfAk

Referencias

AGUADO, J. F. (2009). *Ética a Nicómaco*. Editorial Almuzara.

ALLEN, S. (2018). The science of generosity. *A white paper prepared for the John Templeton Foundation by the Greater Good Science Center at UC Berkeley*.

BAZAAR (2021). Audrey Hepburn: la historia de su vida en imágenes. *Bazaar*. Disponible en https://www.harpersbazaar.com/es/famosas/el-estilo-de/g178323/audrey-hepburn-vida/

CAPOTE, T. (2011). *Breakfast at Tiffany's*. Penguin Essentials.

CLANCE, P. R. y IMES, S. A. (1978). The imposter phenomenon in high achieving women: Dynamics and therapeutic intervention. *Psychotherapy: Theory, research & practice*, 15(3), 241.

COHAN, S. (2024). *On Audrey Hepburn: An Opinionated Guide*. Oxford University Press.

DE AQUINO, T. y MENDOZA, C. A. L. (2001). *Comentario a la* Ética a Nicómaco *de Aristóteles*. Eunsa.

FRANK, A. (2017). *Diario: Diario de Ana Frank*. SELECTOR.

GITLIN, M. (2009). *Audrey Hepburn: A Biography*. Bloomsbury Publishing USA.

KARNEY, R. (2012). *Audrey Hepburn: A Charmed Life*. Simon and Schuster.

MCDONOUGH, M. (2023). What We Get When We Give. *Harvard Medicine*. Disponible en https://magazine.hms.harvard.edu/articles/what-we-get-when-we-give

MORATÓ, C. (2010). *Divas rebeldes: María Callas, Coco Chanel, Audrey Hepburn, Jackie Kennedy y otras mujeres*. Plaza & Janés.

SPOTO, D. (2014). *Audrey Hepburn: La biografía*. Debolsillo.

VOGUE SPAIN (2015). Audrey Hepburn: un mito del cine y la moda. *Vogue Spain*. Disponible en https://www.vogue.es/moda/modapedia/personajes/audrey-hepburn/224

WALDINGER, R. (2015). What makes a good life. *Lessons from the longest study on happiness.*

WALDINGER, R. y SCHULZ, M. (2023). Una buena vida. *Barcelona: Planeta.*

Beethoven con el manuscrito de Missa solemnis.
Fuente: Joseph Karl Stieler (1820), Casa Beethoven en Bonn.

4

Breve crónica de un enfado vital. El triunfo de la perseverancia: Beethoven

> «El genio se compone del dos por ciento de talento y del noventa y ocho por ciento de perseverante aplicación».
>
> LUDWIG VAN BEETHOVEN

Profesión introspectiva

Silencio. Quizás esta fuera la palabra más temida en el sonoro mundo interior de Beethoven. El Dr. Roch es ideador, creador y director de la Schubertíada de Vilabertrán, localidad del Empordâ catalán donde acontece desde 1993 algo tan especial como mágico, único, como lo son las cosas que parten de un sueño: la Schuberdiana del Ampurdá, una cita musical dedicada al Lied. Y como gran conocedor de la forma y del fondo de los grandes maestros, afirma el Dr. Roch, casi de manera tímida, en una entrevista concedida a Platea Magazine, como quien divulga un secreto quizás a voces o quizás no revelado por íntimo: «El músico es un personaje difícil, es una profesión muy introspectiva, sobre todo en el caso de los compositores, afecta mucho a las áreas de sensibilidad».

Y en ese mundo de los personajes difíciles, Ludwig van Beethoven parece jugar un papel importante, quizás por lo vital de su existencia en nosotros.

Complejo e inaccesible, Ludwig van Beethoven ha ejercido y ejerce una influencia en los sentidos más allá de la música, más allá de la vida. Era riguroso en su escritura y en su obra, que hacía, rehacía, retenía durante años, retomaba y volvía a someter a la corrección severa del maestro.

Y a su sombra rotunda el compositor Frank Schubert, admirador hasta el más allá —de manera casi más literal que poética—, el 26 de marzo de 1827 portó sobre sus hombros el féretro de Ludwig van Beethoven. Y dando un paso al frente en su muestra de profundo respeto, le acompañó más allá del cortejo fúnebre. Schubert fue enterrado en Viena un año después junto a la tumba de su maestro. Pocas palabras pueden añadirse ante tanta admiración.

Hacia 1798 Beethoven se da cuenta de que está perdiendo su capacidad auditiva.

Comienza su etapa de silencio. Resulta profundamente doloroso imaginar su tormento. En 1818 el silencio era prácticamente total, pero no en su cabeza, donde las notas continuaban combinándose de manera excepcional. El alcohol, como una mala sombra, le acompañó en su vida.

El más mezquino de los vicios

Beethoven estaba enfadado con la vida, quizás con el destino, quizás con su suerte. Y, sin embargo, la firmeza en sus convencimientos era digna de mención. Antón Félix Schindler, músico austriaco, fue uno de sus primeros biógrafos, de quien mucho se ha escrito sobre su imaginación un tanto desmedida en su obra sobre el genio, quizás por pura admiración, quizás por añadir dramatismo y trama a una historia que, precisamente, no carecía de tales ingredientes. Y, sin embargo, sus afirmaciones, sus interpretaciones y su mirada sobre el contexto no dejan de tener interés. Schindler afirmó sobre Beethoven:

> La Musa superior, que lo había elegido para tan importante servicio, dio a sus puntos de vista una dirección ascendente y lo preservó, incluso en asuntos profesionales, de la más mínima colisión con lo vulgar, que, en la vida, como en el arte, era su abominación.

Y pese a esa imaginación de Schindler que le llevó más allá de la realidad en la biografía de Beethoven, algo me dice que su afirmación sobre los contactos no puede ser más actual y probablemente más real: «¡Cuán infinitamente más alto se habría disparado el genio de Beethoven si, en las relaciones ordinarias de la vida, no hubiese entrado en conflicto con tantas mentes viles y despreciables».

Beethoven no se libró de la envidia, de esa envidia que Ovidio definía como el más mezquino de los vicios; ni se libró de los celos ni de la vileza. Y, sin embargo, quizás consciente de las debilidades del alma, nunca se defendió de ataques, ni dejó que le afectaran cuando no se trataba de ataques contra su honor.

Y quizás por esa consciencia de las debilidades, por la decepción con la vida, por ese martirio llamado sordera, por no hallar alivio, o por un conjunto no vacío de cosas y circunstancias, Beethoven se sumergió en un mundo de desconfianza, incapaz de querer adentrarse en la sociedad más de lo que la necesidad requería.

Una reverencia

El caprichoso destino le privó de oír. Y su afección afectó a su temperamento. Y le hizo profundamente infeliz. En algún momento, la opción del suicidio se coló en sus pensamientos como un mal sueño y, como afirman Wade Matthews y Wendy Thomson en su *Enciclopedia de la música*, «parecía imposible abandonar el mundo antes de haber logrado todo lo que estaba destinado a hacer».

Y la muerte le cogió por sorpresa, porque su deseo de hacer se tornó en deseo de vivir.

Su *Décima sinfonía* se quedó en boceto tras esa *Sinfonía n.º 9* rodeada de leyenda más allá de lo extraordinario. Se cuenta que, en el estreno de la obra, Beethoven tuvo que ser avisado para darse la vuelta y recibir los aplausos. Quizás ese 7 de mayo de 1824, en el Kärntnertortheater de Viena, no quiso darse la vuelta, quizás solo quiso disfrutar en el más profundo de los silencios.

Y volviendo la mirada a Schubert y a la nobleza de su admiración, Joseph von Spaun —uno de sus más fieles amigos— afirmó haberle escuchado decir: «Secretamente, en el fondo de mi corazón, todavía espero ser capaz de hacer algo por mí mismo, pero ¿quién puede hacer algo después de Beethoven?

Cuánto más podría haber logrado de no haber padecido tanto dolor no lo sabremos nunca, pero cuesta no reverenciar tanta lucha, tanta perseverancia, tanto genio. Su música ganó la partida y el enfado vital quizás se tornó en perdón, determinación, resiliencia y coraje.

Figura 4.1. 3 trios pour piano, violon et violoncelle, op. 1, n. 1 [Música notada] /
composés par Beethoven, Ludwig van (1770-1827). Portada litografiada:
«A. Lafont». Reimp. de la ed. de: Paris : Schlesinger, [1829?]

Fuente: Beethoven (ca. 1829), Biblioteca Nacional de España.

En la cara B

¿Qué es ser un buen líder? ¿Qué es liderazgo?

Como los alquimistas que anhelan desvelar conocimientos relacionados con el espíritu, la materia, la vida y la naturaleza, la fórmula perfecta del liderazgo es un bien más que preciado.

Y, como el propio mundo, una cosa es clara: el sentido de evolución. Y es que, a pesar de la complejidad de aunar criterios sobre el término *liderazgo*, el liderazgo evoluciona; y debe precisamente hacer eso, evolucionar, mutar, transformase y adaptarse a nuevas realidades, necesidades, entornos y contextos. Es precisamente aquí donde surge el *quid* de la cuestión: la persona que gestiona personas y equipos debe ser consciente de la importancia de avanzar, de seguir mejorando, de seguir aprendiendo con la perseverancia como referencia, la determinación como consejera y el coraje como guía.

Para ver y escuchar

La Dra. Angela Duckworth ha investigado a lo largo de su vida el secreto para llegar a lo más alto, y ha llegado a la conclusión de que para lograr cualquier objetivo a largo plazo se necesita pasión y perseverancia más que talento, inteligencia o cualquier otra capacidad del ser humano. Duckworth compara la vida con una carrera de fondo que requiere de resiliencia y tenacidad para llegar a la meta. En su libro *Grit: el poder de la pasión y la perseverancia*, la autora defiende la idea de que el secreto del éxito no se basa en el talento ni la suerte, sino en cualidades que se pueden cultivar.

Permítanme que les cuente una historia que es parte de mi vida, que la comparto en muchas ocasiones porque es casi un idilio con la palabra *Grit*. Y tuve el maravilloso honor de que el Dr. Seligman, psicólogo y escritor, conocido, reconocido y admirado por su trabajo e influencia en la psicología positiva, me invitara a la Universidad de Pensilvania. Tengo recuerdos inolvidables de aquella visita y aprendizajes que se han quedado en mi memoria, en mi corazón y en mi piel. Y también esa honda sensación que a veces embarga ante personas a las que tanto se admira no solo por lo que han llegado a ser o a hacer, sino por cómo son. Y es que, la intensa e inmensa búsqueda que el Dr. Seligman siente y hace sentir son indescriptibles y ojalá que replicables en el mundo de las organizaciones, de las personas que las lideran.

Porque en sus ojos y en su manera de estar y de escuchar se puede palpar esa curiosidad de quien quiere aprender de verdad, de todo y de todas las personas que hay a su alrededor, sin egos, sin sesgos, sin envidias, sin celos; con humildad profunda y la curiosidad al desnudo, quizás conocedor de esa frase de Voltaire: «Los prejuicios son la razón de los tontos».

Y en ese devaneo entre el conocimiento y la emoción me encontraba yo, cuando me cuentan que voy a conocer a la autora de *Grit*. Con sonrojo admito que no solo no sabía quién era, sino que también desconocía qué significa la palabra en inglés. Y aquí comienza en realidad el baile, la historia y mi enamoramiento con esta palabra, que debo adelantarles que se trata de un enamoramiento que continúa.

Rápidamente busqué a la autora y también cómo se había traducido el libro *Grit*. Y ahí me lo encontré, al otro lado de la pantalla de mi móvil, sin traducción: *Grit*. La misma palabra me tocaba dos veces a la puerta. Y acepté el reto de mirar más allá de la traducción, ¿cómo no hacerlo?

Les dejo con la Dra. Duckworth.

Se puede ver el vídeo escaneando el QR o a través del siguiente enlace: https://www.ted.com/talks/angela_lee_duckworth_grit_the_power_of_passion_and_perseverance

Y con el vídeo del Dr. Martin Seligman *Psicología positiva*.

Se puede ver el vídeo escaneando el QR o a través del siguiente enlace: https://www.youtube.com/watch?v=G-D2kDuP-5A

Para leer

Así comienza este artículo de *National Geographic* en su biografía sobre Beethoven, donde también se habla de desencanto… «Los acordes secos como golpes de cañón» y «Las últimas sonatas y cuartetos de Beethoven fueron incomprendidos por sus contemporáneos».

Se puede ver el vídeo escaneando el QR o a través del siguiente enlace: https://historia.nationalgeographic.com.es/a/beethoven-el-genio-que-revoluciono-la-historia-de-la-musica_14045

La perseverancia del liderazgo resiliente. Este es un breve artículo de Deloitte que da paso a un informe completo.

Como líderes resilientes, una de nuestras funciones más relevantes, en este momento, es resistir, apoyar y dar fuerza: brindar soporte a nuestra gente, cuya mayoría se encuentra experimentando una fatiga y un estrés sin precedentes; respaldar a nuestras organizaciones a fin de ayudarlas a continuar creando valor para todas las partes interesadas.

Se puede ver el vídeo escaneando el QR o a través del siguiente enlace: https://www2.deloitte.com/sv/es/pages/about-deloitte/articles/la-perseverancia-del-liderazgo-resiliente.html

Algo especial

Pueden encontrar y disfrutar en QR de la Filarmónica de Oslo con el director Klaus Mäkelä, que interpretan la Sinfonía n.º 9 de Ludwig van Beethoven en la Sala de Conciertos de Oslo el 4 de enero de 2019.

Se puede ver el vídeo escaneando el QR o a través del siguiente enlace: https://www.youtube.com/watch?v=QkQapdgAa7o

Referencias

BARRIOPEDRO, M. I., QUINTANA, I. y RUIZ, L. M. (2018). La perseverancia y pasión en la consecución de objetivos: Validación española de la Escala Grit de Duckworth. *RICYDE. Revista Internacional de Ciencias del Deporte, 14*(54), 297-308.

BEETHOVEN (1829 ca.) *3 trios pour piano, violon et violoncelle, op. 1, n. 1 [Música notada] / composés par Ludwig van Beethoven (1770-1827).* Schlesinger. Imagen procedente de los fondos de la Biblioteca Nacional de España.

DUCKWORTH, A. (2016). *Grit: El poder de la pasión y la perseverancia.* Urano.

DUCKWORTH, A. L., PETERSON, C., MATHEWS, M. D. y KELLY, D. R. (2007). Grit : Perseverance for long-term goals. *Journal of Personality and Social Psychology, 92,* 1087–1101.

GOLEMAN, D. (2013). *Focus: The hidden driver of excellence.* New York, NY: HarperCollins.

MADDALENO, J. (2017). Jordi Roch: «Me gustaría presentar una ópera de Schubert en Vilabertrán». *Platea.* Disponible en https://www.plateamagazine.com/

entrevistas/3219-jordi-roch-me-gustaria-presentar-una-opera-de-schubert-en-vilabertran

MARQUEZ, W. (2020). Beethoven: cómo se quedó sordo (y aun así pudo crear algunas de las mejores obras de la historia de la música). BBC News. Disponible en https://www.bbc.com/mundo/noticias-55208393

MASSIN, J. y MASSIN, B. (2016). *Ludwig van Beethoven*. Turner.

MERRIMAN, K. K. (2017). Leadership and perseverance. *Leadership today: Practices for personal and professional performance*, 335-350.

OSORIOLUGO, H. (2021). Los escritos de Beethoven. Meer. Disponible en https://www.meer.com/es/64584-los-escritos-de-beethoven

PETERSON, C. y SELIGMAN, M. E. P. (2004). *Character strengths and virtues: A handbook and classification*. New York, NY: Oxford University Press and Washington, DC: American Psychological Association.

PETERSON, C., RUCH, W., BEERMANN, U., PARK, N. y SELIGMAN, M. E. (2007). Strengths of character, orientations to happiness, and life satisfaction. *The journal of positive psychology*, 2(3), 149-156.

ROLLAND, R. (1915). *Vida de Beethoven*. Maxtor.

SCHINDLER, A. (2020). *Life of Beethoven*. Read Books Ltd.

SELIGMAN, M. E. (2016). *Florecer: La nueva psicología positiva y la búsqueda del bienestar*. Océano.

– (2017). *La auténtica felicidad*. B de Bolsillo.

WADE MATTHEWS, M. y THOMSON, W. (2011). *The Encyclopedia of Music*. Lorenz Books.

WAGNER, R. (2021). *Beethoven*. Caligrama.

María Callas junto a su maestra, Elvira de Hidalgo.
Fuente: Cortesía de Athens Conservatoire Archives, Stathis Arfanis Archive-Collection.

5

Lección de empatía: María Callas

«Hay dos personas dentro de mí. Me gustaría ser María, pero está la Callas, de quien debo estar a la altura. Así que lucho con ambas como buenamente puedo».

MARÍA CALLAS

La tortura de la perfección

La Divina. Así llamaban a la Callas.

Majestuosa siempre, María Callas se cuela en la retina y casi en el corazón, sin previo aviso, sin permiso. ¿En qué pensaba antes de cada representación, en esos segundos previos a quebrar de emoción el silencio con su voz?, ¿de qué manera vencía su timidez de la que se habla, a veces disfrazada de soberbia y otras enredada en la inseguridad por la tortura de la perfección?

María Anna Cecilia Sofía Kalogeropoulos, la diva más grande de la historia, así llamada por muchos, no nació diva sino niña en búsqueda invariable e incesante de amor. O quizás sí nació diva, y su esfuerzo y constancia hicieron de María Anna Cecilia, María Callas. Stella Kourmapana, archivista del Conservatorio de Atenas, dice en «María Callas» parte del documental de la BBC: «Trabajó tan duro que se convirtió en la diva más grande de la historia».

Aparece en el documental *Reputations* del año 1998 de la BBC, y solo verla hace enmudecer. Declara con la severidad de quien se conoce poseedor de verdad que nadie jamás la ha acusado de no ser disciplinada «porque conozco bien mi trabajo». Y es que su talento era producto de la disciplina; con un absoluto dominio de la técnica y una sensibilidad extrema que dotaba a cada personaje y a cada papel de vida propia y de hipnótica luz.

Hipersensibilidad innata

Afirma el catedrático de psiquiatría José Guimón en su artículo sobre la timidez que Carl G. Jung (1875-1961) propuso ya la existencia de una hipersensibilidad innata (que se ha comprobado posteriormente que existe en el 20% de los seres humanos) que predispone a algunos niños y niñas a sufrir más por algunas experiencias infantiles y ser luego personas tímidas y ansiosas. Continúa el Dr. Guimón que se ha visto que estas personas hipersensibles desarrollan más depresión, ansiedad y timidez si hay más estrés de lo deseable. Y con la única pretensión de hacer un discreto apunte si de más estrés de lo deseable hablamos, apartada de la intención de recopilar retazos —que tantos hubo— sobre lo amargo de su camino, la vida de María Callas bien parece la trama de una de sus óperas: desde su transformación física a su dolor, a su dependencia o su amargura por traición. Con una gran diferencia quizás: la observación constante y el permanente escrutinio al que fue sometida. Siempre señalada. Siempre criticada. Siempre juzgada.

En un mundo en el que el estrés y la ansiedad eran parte permanente de su existencia, sentir y sentirse en equilibrio parece más bien una quimera para cualquiera, un imposible incluso para una diva.

El escritor, periodista y crítico musical Juan Muñoz Molina escribía en 2023 —en el 100 aniversario de su nacimiento— en la revista *Ópera Actual*; «Hizo del canto un vehículo de la aflicción humana: en cada uno de sus roles hay un latir de profundo dolor, quizás una extensión de su propio espíritu dañado. Esa conexión suya con el sufrimiento genera un vínculo especial en quien la escucha». Y ese vínculo llega al corazón de una manera directa. Se produce una conexión casi inmediata en quien se acerca a escuchar a La Divina, pero anhela alcanzar a comprender a la persona, como en un ejercicio de extrema empatía ante el desconsuelo, entre la admiración y el hechizo.

> He sido atacada, he sido odiada. No me gusta —dice María Callas, con pausas, con silencios…— pero si me tengo que defender hay que tener mucho orgullo para decir bueno, no hay salida, vete adelante y defiéndete porque tengo tanto sentido común que duele.

Probablemente una fecha haya estado siempre en la memoria y en el corazón dolorido de la Callas: el 2 de enero de 1958. Actuaba en la Ópera de Roma. Abandonó la representación después del primer acto tras los silbidos del público. Se habló de bronquitis, de corrientes de aire y de frío; y se divagó de muchas cosas más que pudieron ocurrirle. Lo que sí se sabe es que abandonó el escenario y probablemente se encerró en el que sintiera como un refugio helador, su camerino.

Cantaba *Norma* de Vicenzo Bellini, una tragedia lírica de una mujer sumida en contradicciones, una tragedia en dos actos como en un duelo de su propia existencia, donde el triunfo y la derrota la abrazaban con la misma intensidad que el aplauso del público que la elevaba o reprobaba.

Llámame María

La mezzosoprano madrileña Teresa Berganza, premio príncipe de Asturias de las artes, premio nacional de música y primera mujer designada como académica de Bellas Artes de San Fernando, coincidió con ella en los escenarios. En una entrevista concedida a la Fundación March, habló entre muchas cosas más de María Callas: «es la artista más profesional y seria que yo he conocido» afirma, y comparte algo especial que mucho dice de La Divina.

Quizás porque para la mezzosoprano cantar era un acto de amor, revelar lo que ocurrió con la Callas era un acto de justicia.

Y así comienza este resumen de esta historia. Al coincidir con la Callas, Teresa Berganza le dice: «Estoy muy emocionada de poder trabajar con usted, y lo único que le pido es que me ayude y me diga todo lo que le parece mal».

A lo que María Callas le responde: «Llámame María y trátame de tú. No tengo nada que decirte, porque si hay que aprender algo en este momento, tengo que aprender yo de cómo cantas tú». Y avanza Teresa Berganza en su relato.

> En esa ópera cantaba junto a María Callas y terminaba de espaldas al público y apoyada en ella. Me dieron un gran aplauso. Me temblaba todo de emoción y de estar cantando delante de María Callas con 23 o 24 años que tenía. Y ella me decía muy bajito: date la vuelta, que te están aplaudiendo a ti.

Y Teresa Berganza respondía: «No, no María, delante de ti no». «Date la vuelta, que tienes que recibir los aplausos», insiste.

«¿Sabes lo que hizo María Callas? —pregunta una Teresa Berganza conmovida al recordar, con esa pureza de quien evoca a quien tanto admira—. Me cogió de los hombros y me plantó delante de ella para que yo recibiera los aplausos».

La ovación fue enorme. No solo a la extraordinaria mezzosoprano, sino también a la generosidad y empatía de La Divina. Porque La Divina se mostró humana.

La Callas es leyenda. María tímida y constante en su insoportable búsqueda de ser amada.

En la cara B

 El mundo del trabajo y de las organizaciones, tal como lo conocemos, se transforma a una velocidad sin precedentes. Megatendencias como la automatización, la digitalización, la globalización, el cambio climático, la inteligencia artificial y las transformaciones demográficas plantean nuevos retos, desafíos y también oportunidades. Conceptos como el *upskilling* (formación de nuevas habilidades y competencias para el puesto actual de una persona) y el *reskilling* (capacitación a través de competencias y habilidades para un nuevo puesto) se cuelan en el vocabulario de las empresas, en esa marcha hacia el aprendizaje continuo, hacia la actualización y la gestión y adecuación al cambio. Y en esta velocidad imparable, hay certezas que destacan, y una de ellas es la necesidad de que las personas que estamos en el mundo de las organizaciones nos adaptemos continuamente, intentando aprender del contexto y de las personas. Porque —permítanme que insista— el dinámico ámbito laboral actual está y estará marcado por cambios constantes, rápidos, inesperados y abruptos. Y permítanme también que vaya un poco más allá… En este tiempo de robots y algoritmos, de esa sensación de que las películas de ciencia ficción que veíamos las estamos viviendo desde primera fila y sin palomitas, el aprendizaje continuo de por vida del que tanto se habla, ese *lifelong learning*, es ya una habilidad clave en este tiempo huidizo. Quizás es más bien una forma de ser y de estar en el mundo, pero también es una urgencia.

María Callas ponía alma en todo aquello que hacía, alma y vida a sus personajes, con extraordinaria empatía. Naciones Unidas describe la empatía como:

> La capacidad de comprender y compartir los sentimientos de los demás; la empatía nos permite ver las cosas desde la perspectiva del otro en vez de la nuestra. Es una habilidad crucial que permite las relaciones sociales y profesionales, desarrolla la conciencia de uno mismo y contribuye a un mundo equitativo y pacífico. La empatía es necesaria en la vida para expresar la compasión (la motivación para actuar ante el sufrimiento de otras personas).

María Callas todo lo sacaba precisamente de eso, de la vida, de la que aprendía a veces con esos golpes que dicen que da, y otras veces con su observación a cada detalle, a cada sentimiento, que vertía en todo lo que hacía de una manera magistral, íntima e inimitable.

El cirujano cardiovascular y humanista José Félix Patiño, admirador profundo de María Callas, escribía «Callas, con su voz sin par y con un talento dramático inigualable en el universo del teatro lírico, revolucionó la ópera de nuestros tiempos, pero también revolucionó el arte de asistir a la ópera. Tuvo el don jamás superado de convertir los detalles de la vida en tonalidades de voz». Callas aprendía y enseñaba en cada representación, en cada movimiento, con cada personaje.

Para ver y escuchar

Esta película está en la memoria colectiva y una vez que se ve, no se olvida. Grandes lecciones en cadena… eso es *Cadena de favores*. Este es su tráiler por su deciden revisitarla.

Se puede ver el vídeo escaneando el QR o a través del siguiente enlace: https://www.youtube.com/watch?v=Zaf7Z_t1H8g

Para leer

¿Qué es la empatía? Algunas respuestas en este artículo.

Se puede ver el vídeo escaneando el QR o a través del siguiente enlace: https://www.lavanguardia.com/participacion/las-fotos-de-los-lectores/20200102/472671079333/empatia-concepto-actitud-necesaria-sociedad.html

La república es una de las obras más conocidas de Platón y uno de los textos más influyentes de la filosofía occidental. Se trata de una descripción utópica de su ciudad ideal. La obra está escrita en forma de diálogo y abarca temas como la justicia, la política, la educación, la naturaleza del alma y el conocimiento. Para Platón la educación era clave, una educación de tipo humanista, fomentando el pensamiento crítico y sensibilidad moral. El *libro VII de la República* comienza con la exposición del conocido mito de la caverna, que utiliza Platón como explicación alegórica de la situación en la que se encuentran las personas respecto al conocimiento. Ilustra de una manera intensamente visual cómo el aprendizaje permite liberarnos de la ignorancia y alcanzar un entendimiento más profundo de la realidad. La educación es descrita como un proceso de ascenso desde la mayor de las oscuridades, es decir, desde la ignorancia, hacia el conocimiento, hacia la luz.

Después de eso —proseguí— compara nuestra naturaleza respecto de su educación y de su falta de educación con una experiencia como esta. Represéntate hombres en una morada subterránea en forma de caverna, que tiene la entrada abierta, en toda su extensión, a la luz. En ella hay niños con las piernas y el cuello encadenados, de modo que deben permanecer allí y mirar solo delante de ellos, porque las cadenas les impiden girar en derredor la cabeza.

Más arriba y más lejos se halla la luz de un fuego que brilla detrás de ellos; y entre el fuego y los prisioneros hay un camino más alto, junto al cual imagínate un tabique construido de lado a lado, como el biombo que los titiriteros levantan delante del público para mostrar, por encima del biombo, los muñecos.

— Me lo imagino.

— Imagínate ahora que, del otro lado del tabique, pasan hombres que llevan toda clase de utensilios y figurillas de hombres y otros animales, hechos en piedra y madera y de diversas clases; y, entre los que pasan, unos hablan y otros callan.

— Extraña comparación haces y extraños son esos prisioneros.

— Pero son como nosotros. Pues, en primer lugar, ¿crees que han visto de sí mismos, o unos de los otros, otra cosa que las sombras proyectadas por el fuego en la parte de la caverna que tienen frente a sí?

— Claro que no, si toda su vida están forzados a no mover la cabeza.

— ¿Y no sucede lo mismo con los objetos que llevan los que pasan del otro lado del tabique?

— Indudablemente.

— Pues entonces, si dialogaran entre sí, ¿no te parece que entenderían estar nombrando a los objetos que pasan y que ellos ven?

Y de *La república* a las *inteligencias múltiples*.

El psicólogo estadounidense Howard Garner, profesor en la Universidad de Harvard, nos habla de *la teoría de las inteligencias*, considerada una auténtica revolución en educación. Pensábamos de manera absolutamente errónea que solo existía un tipo de inteligencia, una única y cuantificable inteligencia. Cuando Gardner publicó en 1983 su primer libro sobre el tema, *Frames of Mind: The Theory of Multiple Intelligences*, lo hizo para defender la idea de que la inteligencia no tiene por qué ser una unidad, sino que puede ser entendida como varias habilidades de procesamiento de la información que funcionan de manera paralela e independiente las unas de las otras.

Las inteligencias que el Dr. Gardner propone a partir de sus investigaciones (Gardner, 2005; Regader, 2015) son:

1. Inteligencia lingüística.
2. Inteligencia lógico-matemática.
3. Inteligencia visual-espacial.
4. Inteligencia corporal y cinestésica.
5. Inteligencia musical.
6. Inteligencia intrapersonal.
7. Inteligencia interpersonal.
8. Inteligencia naturalista.

La inteligencia no es un número. Sin duda, seguir aprendiendo y alimentando la curiosidad es un magnífico desafío: «No tengo ningún talento en especial; solo soy apasionadamente curioso», Albert Einstein.

Interesante artículo de Daniel Goleman y Richard Boyatzis (2008) en *Harvard Business Review*, «La inteligencia social y la biología del liderazgo». En él destacan que las investigaciones sobre el cerebro muestran que los líderes pueden mejorar el desempeño del grupo al comprender la biología de la empatía.

Algo especial

La gran María Callas interpreta un aria de su papel emblemático, la sacerdotisa druida Norma de Bellini, con la Orquesta de la Ópera Nacional de París y Georges Sebastian. Grabado en directo en el Palais Garnier el 19 de diciembre de 1958, este concierto marcó el debut de la soprano en la Ópera de París.

No dejen de disfrutarlo; se pega al corazón.

Se puede ver el vídeo escaneando el QR o a través del siguiente enlace: https://www.youtube.com/watch?v=s-TwMfgaDC8

Referencias

Albiol, L. M. (2018). *La empatía: entenderla para entender a los demás*. Plataforma.

Baxter, R. (2002). Maria Callas: An Intimate Biography, and: Maria Callas: Una mujer, una voz, un mito. *The Opera Quarterly, 18*(4), 611-616.

Billett, S., Le, A. H., Choy, S. y Smith, R. (2023). The imperatives of and for worklife learning: A review. *Sustaining Employability Through Work-life Learning: Practices and Policies*, 55-82.

Davies, B., Diemand-Yauman, C. y van Dam, N. (2019). Competitive advantage with a human dimension: From lifelong learning to lifelong employability. *McKinsey Quarterly, 2*, 1-5.

Davis, M. H. (1980). A Multidimensional Approach to Individual Differences in Empathy. JSAS Catalog of Selected Documents in Psychology, 10, 85.

Gardner, H. (2005). Inteligencias múltiples veinte años después. *Revista de psicología y Educación, 1*(1), 27-34.

Goleman, D. y Boyatzis, R. (2008). La inteligencia social y la biología del liderazgo. *Harvard Business Review, 86*(9), 86-95.

Guimón, J. (2004). Hacia un espectro de la timidez. *Advances in Relational Mental Health, 3*(3).

Haider, A. (2023). Cautivadora e inimitable: qué convirtió a María Callas en «La Divina», la diva más grande de la historia. *BBC News*. Disponible en https://www.bbc.com/mundo/articles/c992jwvv5v9o

Harrison, J. (2013). Maria Callas: A Musical Biography. *Opera Journal, 46*(2), 84.

Huffington, A. S. (2002). *Maria Callas: the woman behind the legend*. Rowman & Littlefield.

Matheopoulos, H. (2023). ÓA 264: Maria Callas, en el centenario de un mito. *Ópera actual*. Disponible en https://www.operaactual.com/portada/oa-264-maria-callas-en-el-centenario-de-un-mito/

Muñoz Zapata, A. P. y Castaño, L. C. (2013). La empatía: ¿un concepto unívoco?

Muñoz, J. A. (2023). ÓA 272 (II): Maria Callas (1923-1977): Seis personajes en busca de intérprete. *Ópera actual*. Disponible en https://www.operaactual.com/portada/oa-272-ii-maria-callas-1923-1977-seis-personajes-en-busca-de-interprete/

Naciones Unidas (s.f.). La ciencia de la empatía. UNODC. Disponible en https://www.unodc.org/unodc/es/listen-first/super-skills/empathy.html

OIT (2023). Estrategia de la OIT sobre Competencias y Aprendizaje Permanente 2030. *OIT*. Disponible en https://www.ilo.org/es/publications/estrategia-de-la-oit-sobre-competencias-y-aprendizaje-permanente-2030

Orgaz, C. (2023). Qué pensaba Platón que tenía que tener una sociedad para ser exitosa. *BBC News*. Disponible en https://www.bbc.com/mundo/articles/c3g28qqp5pyo

Patiño, J. F. (2012). *Maria Callas: La Divina, Prima donna assoluta, la voz de oro del siglo xx*. Universidad Nacional de Colombia.

Platón (1992). *República*, Libro VII, Ed. Gredos (Traducción de C. Eggers Lan).

Regader, B. (2015). La teoría de las inteligencias múltiples de Gardner. *Psicología y mente*. Disponible en https://psicologiaymente.com/inteligencia/teoria-inteligencias-multiples-gardner

Sabalete, C. (2021). *Filosofía. Orígenes del pensamiento clásico*. Pinolia.

Spence, L. (2021). *Cast a diva: the hidden life of Maria Callas*. The History Press.

Wink, P. (2020). *Prima Donna: The Psychology of Maria Callas*. Oxford University Press.

Autorretrato de Leonardo da Vinci (ca. 1512) en Musei Reali (Biblioteca Reale) en Turín.

6

Sensibilidad detrás de la innovación: Leonardo da Vinci

«Así como el hierro se oxida por falta de uso, también la inactividad destruye el intelecto».

LEONARDO DA VINCI

«*Perché la minestra si fredda*»... porque la sopa se enfría

«*Perché la minestra si fredda*»... estas son las últimas palabras de Leonardo en la que quizás fue la última página que escribió en uno de sus numerosísimos cuadernos en los que volcaba mucho más que dibujos y palabras.

Leonardo da Vinci sigue emocionando, inspirando, cautivando a todo aquel que se asoma, aunque sea de manera tímida, a su obra. Con mezcla de fascinación y de curiosidad, y con la enorme sensación de pequeñez según uno se aproxima a la figura, a esa figura de genio admirado y también de humano que erró, Leonardo deja casi sin respiración. Visionario, innovador, observador, incansable y apasionadamente curioso, combinó arte y ciencia de una manera única y extraordinaria e hizo real y palpable que la magia está en los detalles; como el historiador de arte británico Ernst Gombrich afirma, Leonardo tenía un «apetito voraz de detalles».

Combinar disciplinas choca radicalmente con los pensamientos y, tendencias actuales, que tienden a la hiperespecialización, a ese conocer una disciplina de manera profunda, casi cerrando los ojos y el corazón a todo lo demás por «alejarse», creyendo —o intentando convencerse— firmemente en eso de que el que mucho abarca poco aprieta.

De lo divino a lo humano

Leonardo se lo cuestionó todo más allá de las preguntas con esa mirada inquieta y resuelta a abarcar todas las disciplinas habidas y por haber, conocidas e incluso intuidas.

Cuestionarse implica avanzar sin guía en ocasiones, sin faro y casi sin luz, a sabiendas de que en ese avanzar los pasos en falso pueden ser parte del proceso de aprendizaje, del lujo del legado dejado a pesar de las críticas, a pesar de los enojos de ajenos. Y es que Leonardo procrastinaba… esa palabra tan de hoy y tan de siempre. Dejó páginas sin concluir, ideas sin abordar, tratados sin editar, proyectos sin acabar… hasta tal punto que hacía angustiarse a quien se los encargaba más allá del refrán de quien espera desespera, como muy bien saben todos aquellos que esperaron durante años *La última cena* o su *San Jerónimo*, el cual «actualizó» treinta años después cuando sus experimentos de anatomía le dieron más conocimiento. Leonardo era humano, y además un humano encantador, colaborador, que compartía ideas, proyectos y bocetos. Hablaba de todo y con todos, quería saber, conocer, ver otras perspectivas, entender lo diferente, observar hasta la obsesión y todo con una extraordinaria fantasía y mente abierta capaz de comprender más allá de lo entendible. Le encantaba la idea de un mundo en constante evolución, donde el cierre sería el final de una historia que en realidad está inacabada.

Como dice Walter Isaacson (2017) en su exquisita biografía, «Leonardo consideraba que su arte, su ingeniería y sus tratados formaban parte de un proceso dinámico, siempre susceptible de desarrollarse mediante la aplicación de otras ideas».

Una pirueta de la mente

Criticado en ocasiones por no centrarse, por no acabar sus trabajos, por procrastinar y despistarse, Leonardo sufrió no ser comprendido. Y, sin embargo, quizás es importante hacer una pausa, una reflexión y reclamar un ápice de empatía por quienes lo criticaban. Porque Da Vinci pensaba, sentía, investigaba, trabajaba, pintaba e incluso escribía de manera diferente. Y es que escribía al revés. Era zurdo, pero su escritura iba más allá de no ser diestro. Su escritura era especular, en espejo, trazando el lápiz en dirección opuesta al papel. Son muchas las especulaciones de por qué lo hacía así. Quizás era una pirueta más de una mente creativa que se retaba hasta en sus propios pensamientos. Y toda esta diferencia no suele ser fácil de entender, de digerir, de gestionar.

Pero tras este acto de empatía hacia sus coetáneos, volvamos la mirada a un Leonardo que no escribía listas de cosas que hacer sino listas de cosas que aprender. Profundo admirador de lo que tenemos a nuestro alrededor en este mundo que reclama atención a lo esencial, Leonardo elogia y admira de manera profunda, de forma genuina, la naturaleza.

Se conservan en la biblioteca del castillo de Windsor cuadernos donde exalta las «obras maravillosas de la naturaleza» (*opere mirabili della natura*) y escribe «nunca se encontrará invento más bello, más sencillo o económico que los de la naturaleza, pues en sus inventos nada falta y nada es superfluo».

Leonardo erraba, procrastinaba, se equivocaba, probaba, arriesgaba… y precisamente cada uno de esos verbos, cada una de esas acciones lo hace a los ojos de hoy más humano que divino, más inspiración que la de «meramente» un genio inalcanzable. Nos recuerda el poder de la observación, la importancia de mantener curiosidad hacia todo lo que está a nuestro alrededor, la humildad de aprender de los demás, el amor a la naturaleza, el gusto por el detalle, la excelencia de la pasión y el poder de la innovación. Y todo ello en el lienzo de la vida, en el que la constancia, el coraje y el esfuerzo se tornan herramientas esenciales para, quizás con sonrisa de Mona Lisa —enigmática, sabedora de quien esconde verdades que nadie entenderá— uno pueda después del camino reposar, tomar la cuchara y volver a la sopa.

Figura 6.1. Boceto del órgano de mano portátil con la innovación del doble fuelle, por Leonardo da Vinci en el conocido como Códice Madrid II en la Biblioteca Nacional de España.

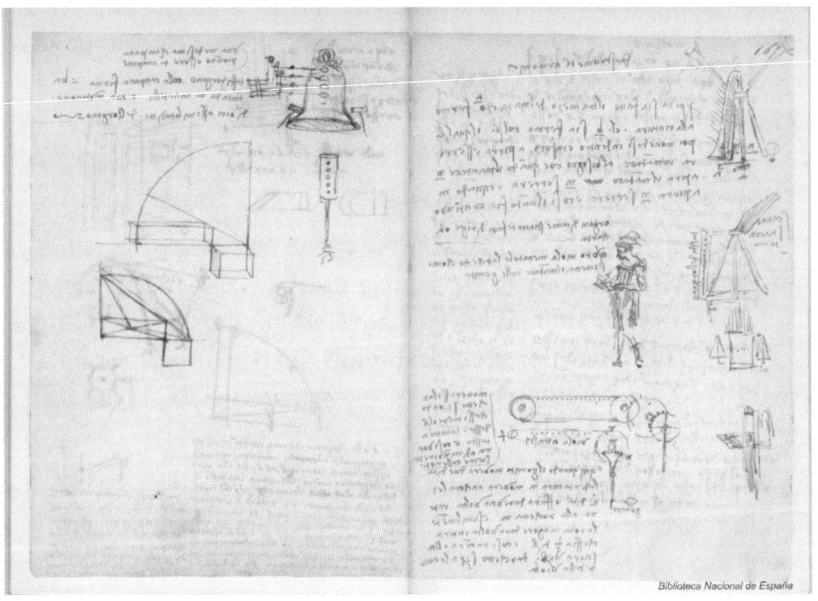

Fuente: Leonardo da Vinci (ca. 1505).

En la cara B

El cambio es parte de la vida, aunque la velocidad a la que se dan esos cambios es la que puede variar el panorama de manera notable y llamativa. Y a veces dramática para algunas organizaciones. La gestión del cambio es un proceso estructurado que sirve de guía y hoja de ruta desde el estado actual al deseado. Diagnóstico, planificación estratégica, visión y comunicación adecuada son algunos de los ingredientes, siempre desde el análisis profundo y riguroso, y la flexibilidad como básico en el camino del cambio.

Y es esencial tener personas que guíen, que vean más allá del presente, que identifiquen oportunidades de cambio y, sobre todo, que alineen al equipo hacia ese cambio, fomentando la colaboración activa y la creatividad para resolver problemas y situaciones. Una dosis importante de sensibilidad, de esa sensibilidad que ayuda a entender más allá de las palabras y a ver más allá de las cosas es crucial. Y eso pasa por comprender que la sensibilidad no es debilidad.

Ser innovador en la manera de liderar es una parte vital de todo este proceso, contraria a la complacencia, a la zona de confort, al «siempre se ha hecho así». Tal y como afirma el profesor de la Universidad de Harvard John P. Kotter, autor de *The Heart of Change, El líder del cambio* y *Leading Change*, donde se ofrece un marco detallado para liderar procesos de cambio exitosos y sus famosos ocho pasos, «lo peor de todo son los jefes que se niegan a cambiar y plantean exigencias incoherentes con el esfuerzo general». El trabajo en equipo es crucial. Y hay un elemento fundamental, que no puede ser impuesto, que no sabe de reglas, que debe ser cuidado y en el que la premura no tiene cabida: la confianza.

Para ver y escuchar

Cualquiera de los capítulos de la serie *Abstract: The Art of Design* puede ser una fuente de inspiración. Así lo presenta Netflix: «Adéntrate en las mentes de los diseñadores más innovadores en una variedad de disciplinas y descubre cómo el diseño impacta cada aspecto de la vida».

Se puede ver el vídeo escaneando el QR o a través del siguiente enlace: https://www.youtube.com/watch?v=LCfBYE97rFk

Guy Kawasaki, escritor y autor entre otros libros de *El arte de cautivar*, ofrece esta Ted Talk en la Universidad de Berkeley. Persona influyente en el mundo del emprendimiento y la tecnología, es conocido por su enfoque innovador y su amplia experiencia en empresas tecnológicas líderes.

> Se puede ver el vídeo escaneando el QR o a través del siguiente enlace:
> https://www.youtube.com/watch?v=Mtjatz9r-Vc

Brené Brown es escritora y profesora de investigación en la Universidad de Houston. Es reconocida internacionalmente por su trabajo de investigación en el campo de la vulnerabilidad, de la conexión, de la empatía y de la valentía.

> Se puede ver el vídeo escaneando el QR o a través del siguiente enlace:
> https://www.youtube.com/watch?v=HhZNXbP0vnk

Para leer

Basándose en las miles de páginas de los cuadernos manuscritos de Leonardo y los nuevos descubrimientos sobre su vida y su obra, Walter Isaacson, autor de la maravillosa biografía de Leonardo da Vinci, teje una narración que conecta el arte de Da Vinci con sus investigaciones científicas y muestra cómo el genio del hombre más visionario de la historia nació de habilidades que todos poseemos y podemos estimular, tales como la eterna curiosidad, la observación cuidadosa, la imaginación de la infancia y la creatividad sin filtro.

Podrás encontrar un muy recomendable vídeo, una entrevista a Walter Isaacson en el ciclo Tech & Society de Aspen Institute España y Fundación Telefónica.

> Se puede ver el vídeo escaneando el QR o a través del siguiente enlace:
> https://espacio.fundaciontelefonica.com/evento/walter-isaacson-da-vinci-el-innovador/

Interesante este artículo «Qué es innovación: cuando las ideas funcionan y transforman el mundo» publicado por BBVA (2025).

> Se puede ver el vídeo escaneando el QR o a través del siguiente enlace:
> https://www.bbva.com/es/sostenibilidad/que-las-ideas-funcionen-de-eso-trata-la-innovacion/

El artículo de Fernando Vargas (2022) en la revista *Harvard Deusto* «El reto de la innovación y el éxito del cambio de management» nos introduce en los retos que supone la innovación en las organizaciones.

Se puede ver el vídeo escaneando el QR o a través del siguiente enlace: https://www.harvard-deusto.com/el-reto-de-la-innovacion-y-el-exito-del-cambio-de-management

¿Cuáles son las características de las personas innovadoras? Lotta Hassi y Satu Rekonen han investigado sobre estas características que promueven el carácter innovador (Esade, 2019).

Se puede ver el vídeo escaneando el QR o a través del siguiente enlace: https://dobetter.esade.edu/es/caracteristicas-personas-innovadoras

Algo especial

Leonardo desde el museo de su Vinci natal.

Se puede ver el vídeo escaneando el QR o a través del siguiente enlace: https://www.museoleonardiano.it/eng/leonardos-birthplace/the-history

Referencias

ABEL, G. M. (2024). Los fabulosos inventos de Leonardo da Vinci. *National Geographic*. Disponible en https://historia.nationalgeographic.com.es/a/fabulosos-inventos-leonardo-da-vinci_16634

BBVA (2025). Qué es innovación: cuando las ideas funcionan y transforman el mundo. *BBVA*. Disponible en https://www.bbva.com/es/sostenibilidad/que-las-ideas-funcionen-de-eso-trata-la-innovacion/

BROWN, B. (2015). *Daring greatly: How the courage to be vulnerable transforms the way we live, love, parent, and lead*. Penguin.

– (2017). *Rising strong: How the ability to reset transforms the way we live, love, parent, and lead.* Random House.

CALVO, M. (2016). Leonardo da Vinci. *Historia Arte.* Disponible en https://historia-arte.com/artistas/leonardo-da-vinci

ESADE (2019). 12 características de las personas innovadoras. *Esade.* Disponible en https://dobetter.esade.edu/es/caracteristicas-personas-innovadoras

FINNIE, B. y NORRIS, M. (1997). On leading change: A conversation with John P. Kotter. *Strategy & Leadership*, 25(1), 18-24.

GAMBOA BERNAL, G. A. (2019). Da Vinci, 500 años después: del humanismo a la humanización. *Persona y Bioética*, 23(2), 171-179.

GELB, M. J. (1999). *Inteligencia genial: 7 principios claves para desarrollar la inteligencia, inspirados en la vida y obra de Leonardo da Vinci.* Editorial Norma.

GRANT, A. (2013). *Give and take: A revolutionary approach to success.* Penguin.

– (2023). *Think again: The power of knowing what you don't know.* Penguin.

HEYHDENREICH, L. (2025). Second Florentine period (1500–08) of Leonardo da Vinci. *Britannica.* Disponible en https://www.britannica.com/biography/Leonardo-da-Vinci/Second-Florentine-period-1500-08

ISAACSON, W. (2017). *Leonardo da Vinci.* Edizioni Mondadori.

KEMP, M. (2011). *Leonardo da Vinci: Las maravillosas obras de la naturaleza y el hombre* (Vol. 79). Ediciones Akal.

KOTTER, J. P. (1997). *El líder del cambio.* McGraw-Hill.

– (2007). Leading change: Why transformation efforts fail. In *Museummanagement and marketing* (pp. 20-29). Routledge.

LEONARDO DA VINCI (CA. 1505). *Tratados varios de fortificación estática y geometría.* Códice Madrid II, en la Biblioteca Nacional de España.

RAMÓN-LACA, L. (2020). Leonardo da Vinci: perspectiva y visión.

YOUNG, H. A. (2024). Leading with Heart for Transformative Change: A Relationship-Centred Approach Centring Critical Hope. *Transformative Change through Educational Leadership: Stories, Models, and Wonderings*, 71.

Jane Goodall con un chimpancé de peluche.
Fuente: Imagen cortesía de Instituto Jane Goodall España.

7

Las dimensiones de la esperanza: Jane Goodall

«Podemos tener un mundo pacífico. Podemos avanzar hacia un mundo donde podamos vivir en armonía con la naturaleza, donde vivamos en armonía con los demás. No importa de qué nación provengamos, no importa cuál sea nuestra cultura, no importa qué religión profesemos. Este es el camino hacia el que debemos avanzar».

JANE GOODALL

Juegos de la memoria

Las historias de peluches están ligadas de manera casi mágica a la ternura de la infancia y a los juegos de la memoria. Y Valeria Jane Morris Goodall tenía su propia historia. Su padre le regaló un peluche, un chimpancé, y quizás ahí comenzó su viaje de vida, un viaje de esos en los que los sueños se hacen realidad, y en los que la lucha por la justicia y las cosas buenas sigue sin descanso, como en las ficciones de superhéroes.

No recuerdo con exactitud cuándo vi la primera imagen de la doctora, una fotografía de Jane Goodall en la selva, sentada junto a un chimpancé. Pero sí recuerdo perfectamente lo que sentí al percibir la profunda empatía, la conexión. Recuerdo la inmensa sensibilidad con la que percibí que se miraban y no podía dejar de pensar en que esa chica tan joven estaba dando su vida a la selva, a los animales, a los chimpancés, a la naturaleza, al mundo, a los demás, a la humanidad.

Creció en la casa familiar en Bournemouth (UK), rodeada de animales que fueron protagonistas de esas fantasías, llevándole a soñar con escribir sobre algo: animales; y en un lugar claro y específico: África. A los 23 años comienzan, de la mano de Louis Seymour Bazett Leakey —arqueólogo, paleoantropólogo y escritor británico—, los primeros pasos para que la realidad fuera el resultado de esos sueños en grande: dedicar una vida entera a una pasión, a la naturaleza.

Changemaker

En el año 1960, Leakey envía a la doctora Goodall a Gombe —Tanzania— para investigar, por primera vez y con un tiempo concreto, seis meses, a los chimpancés salvajes de la zona. Y ese proyecto de tiempo determinado se convirtió para la doctora Goodall en el proyecto de su vida.

La doctora Goodall observaba en Gombe con su mirada incansable y su respeto profundo el comportamiento de los chimpancés. Desafió los métodos científicos convencionales e hizo descubrimientos revolucionarios. Descubrió que cada uno de esos chimpancés tenía su propia personalidad, y les puso nombres. Y mostró al mundo —muy ignorante hasta el momento— cómo se comportaban en su propio hábitat. Tal y como el Instituto Jane Goodall expone en su web, los resultados de sus exhaustivas investigaciones de campo revolucionaron la comunidad científica y fascinaron al mundo entero a través de los documentales y la intensa labor que ha realizado. Su perseverancia, intuición, empatía, paciencia, profunda sensibilidad y capacidad de observación permitieron desvelar misterios en el hasta entonces desconocido mundo de los chimpancés. La doctora abrió la caja de algunos de los secretos sobre animales en libertad, una caja que sigue abierta: «En la selva aprendí sobre el comportamiento de los chimpancés y sobre este increíble ecosistema del bosque, donde cada planta y animal tiene un papel que desempeñar».

La doctora Goodall está considerada una de las mujeres científicas de mayor impacto en el siglo xx. Cambió el mundo de la biología y es una de las activistas más importantes del siglo xxi, además de una de las primatólogas, etólogas y antropólogas más reconocidas de todos los tiempos. Su extenso trabajo, proseguido por investigadores del Instituto Jane Goodall, ha cumplido 63 años en 2023 y constituye una de las investigaciones de campo más prolongadas sobre animales en libertad.

Las tres dimensiones de la esperanza

Me sumerjo en uno de sus más de treinta libros, *El libro de la esperanza* y pienso de pronto cómo esa palabra, *esperanza*, apenas se oye últimamente, quizás eclipsada por la urgencia de otras palabras, de otros conceptos, de otras modas y de la sombra alargada de la inteligencia artificial. El filósofo y profesor Leonardo Polo afirmaba que la esperanza tiene tres dimensiones. La primera dimensión es el optimismo: «El pesimismo encierra y paraliza. En cambio, la persona esperanzada camina hacia lo mejor, sale del ensimismamiento y se pone en tarea», porque, tal y como afirmaba el Dr. Polo, un optimismo sin esperanza es trivial.

La segunda de las dimensiones es el futuro, porque sin futuro no hay mañana, no hay esperanza. Y la tercera dimensión de la esperanza es la tarea, la acción. Y de esta tercera dimensión mucho sabe la

Dra. Goodall, pues es a lo que ha dedicado sus días: a la acción con propósito, precisamente con eso, con el optimismo hacia un mañana y la esperanza puesta en que las personas y nuestras acciones pueden cambiar este mundo. Porque, retomando al Dr. Polo, «la esperanza es el armazón de la existencia del ser humano en el tiempo».

Mensajera de la Paz desde 2002, la Dra. Goodall extiende su esperanza cuando cuenta que muchas especies se han librado de la extinción gracias al ingenio y a la determinación humana. En una entrevista concedida en 2024 a la CNN, afirma: «No olvides que tú, como individuo, tienes un impacto en el medio ambiente cada día.

Y depende de ti elegir qué tipo de impacto tienes. Creo que una vez que todo el mundo entienda que el papel que desempeña, sea quien sea, es tan desesperadamente importante, avanzaremos hacia un mundo mejor».

Su afirmación contundente y llena de luz —no exenta de sombras, me temo— lleva al mundo de las empresas y del liderazgo, y a considerar nuevas formas de liderar y actuar en tiempos en los que la tristeza es sinónimo de trabajo; la desvinculación; una realidad, y la salud mental, una urgencia. Creer genuinamente en las personas, plantearse el impacto de la organización y nuestro propio impacto, y conducir a un liderazgo humanista donde la empatía y la solidaridad formen parte integral parecen ya un necesario callejón con salida a otras formas de hacer las cosas. Todo ello con esa esperanza y la importancia de entender más allá que la Dra. Goodall nos recuerda como esencial para seguir adelante: «Solo si entendemos, nos puede importar. Solo si nos importa podemos ayudar».

A veces un muñeco de peluche chimpancé la acompaña a sus charlas. Siempre con ese brillo en los ojos de quien ha puesto la pasión en el centro de su vida y ayudar a los demás en el centro de su corazón.

En la cara B

La Dra. Jane Goodall tenía un sueño desde niña, un sueño que le dijeron que era un imposible, y sin embargo se cumplió, no sin trabajo, no sin esfuerzo. Un sueño que convirtió en su misión, su «razón de ser».

Stefano Vinaccia cuenta cómo, a finales de la década de 1950, la psiquiatra japonesa Mieko Kamiya, quien trataba a pacientes con lepra, empezó a preguntarse por qué algunas personas podían mantener la esperanza a pesar de encontrarse en una situación tan difícil y otras no. En su búsqueda de lo que marcaba la diferencia entre estos pacientes y los que no mostraban tal capacidad de recuperación, llegó a la conclusión de que se trataba de un sentido experiencial que se capta mejor con la palabra *ikigai*. Kamiya subrayó que el *ikigai* no es conceptual y no puede entenderse sin una experiencia vivida. Es un sentimiento que surge en tu cuerpo cuando estás «viviendo tu misión». Si se tradujera *ikigai* del japonés al español, podría ser «razón(es) para vivir», «autorrealización», «sentido de la vida» o «propósito en la vida».

Ikigai se explica a veces de manera tan sencilla como compleja puede ser la respuesta: es la razón por la que nos levantamos cada mañana.

El neurocientífico, escritor e investigador Ken Mogi afirma que «el *ikigai* le da a nuestra vida un propósito y nos aporta el coraje para seguir adelante». En su libro describe un estudio sobre los beneficios para la salud del *ikigai* llevado a cabo por los investigadores de la Facultad de Medicina de la Universidad de Tohoku, al norte de Japón. Y la pregunta crucial (además de 93 ítems sobre historial médico, hábitos, etc.) y directa del estudio que nos podemos hacer era: ¿hay *ikigai* en su vida?

Los cinco pilares del *ikigai* que el Dr. Mogi comparte son:

- Pilar 1. Empezar con humildad.
- Pilar 2. Renunciar al ego.
- Pilar 3. Armonía y sensibilidad.
- Pilar 4. El placer de los detalles.
- Pilar 5. Ser consciente del momento presente, del aquí y ahora.

«Conócete a ti mismo» es uno de los más famosos aforismos de la Antigüedad griega, una frase situada en el pórtico de entrada del templo del dios Apolo en la ciudad de Delfos en Grecia, en el siglo IV a. C. Entendernos para entender es el paso clave para liderar y compartir la misión de la propia organización, el propósito, con una mirada optimista, con un sentido de esperanza necesario. Decía Julio Cortázar: «Probablemente de todos nuestros sentimientos el único que no es verdaderamente nuestro es la esperanza. La esperanza le pertenece a la vida, es la vida misma defendiéndose». Y el puente hacia lo posible. Es tiempo de incrementar nuestro grado de conciencia, de cuestionarnos para evolucionar, de desarrollar aptitudes de apertura, de reflexionar y trabajar en nuestras fortalezas para inspirar y ayudar. Don Quijote en su lúcida locura aconsejaba a Sancho: «Has de poner los ojos en quién eres, procurando conocerte a ti mismo, que es el más difícil conocimiento que puede imaginarse. Del conocerte saldrá el no hincharte como la rana que quiso igualarse con el buey» (Quijote II, XLII).

Es tiempo de parar para pensar y este paso no nos lo podemos saltar como en un videojuego; no podemos ni debemos pasar a la siguiente pantalla. ¿Cuál es su *ikigai*?

Para ver y escuchar

La Dra. Jane Goodall habló durante más de 90 minutos en la Capilla Cochran en Phillips Academy el 8 de abril de 2016. Entre anécdotas sobre el terreno y datos concretos sobre el estado de nuestro planeta, intercaló su presentación con historias inspiradoras sobre su infancia, su estancia en el Parque Nacional de Gombe, en Tanzania, y las formas en que los niños pueden empezar a cambiar el mundo ahora a través de su programa mundial Roots & Shoots.

Su mensaje es claro: debemos y podemos hacer más para proteger nuestro mundo y todos los seres vivos que lo habitan.

Se puede ver el vídeo escaneando el QR o a través del siguiente enlace: https://www.youtube.com/watch?v=B_jF9WmVIEAy

El escritor y periodista de *National Geographic* Dan Buettner y su equipo estudian las «zonas azules» del mundo, comunidades cuyas personas mayores viven con vitalidad y vigor hasta una edad récord. En esta Ted Talk «cómo vivir más de cien años», comparte los nueve hábitos comunes de dieta y estilo de vida que los mantienen ágiles más allá de los 100 años. El *ikigai* no es ajeno a esos nueve hábitos.

Se puede ver el vídeo escaneando el QR o a través del siguiente enlace: https://www.ted.com/talks/dan_buettner_how_to_live_to_be_100

Muchas personas quieren cambiar su vida, pero no saben muy bien cómo. Piensan que la esperanza es un deseo mágico o un ideal inalcanzable. En esta charla, el Dr. Chan Hellman nos habla de la ciencia y el poder de la esperanza para ayudar a las personas a crear el cambio que desean en sus vidas. Chan M. Hellman es profesor en la Universidad de Oklahoma y director del Centro de Investigación de la Esperanza. Es autor de más de 150 publicaciones científicas y ha presentado ponencias en numerosas conferencias nacionales e internacionales en todo el mundo. La investigación de Chan se centra en la esperanza como fortaleza psicológica que ayuda a niños y adultos a superar traumas y adversidades. Chan es coautor del premiado libro *Hope Rising: How the science of hope can change your life.*

Se puede ver el vídeo escaneando el QR o a través del siguiente enlace: https://www.ted.com/talks/chan_hellman_the_science_and_power_of_hope

Para leer

Jane Goodall: una vida dedicada a los chimpancés, reportaje en *National Geographic.*

https://www.nationalgeographic.com.es/mundo-ng/grandes-reportajes/una-vida-dedicada-a-los-chimpances_3251

En este artículo del periódico *El País* hay algunas pistas en el intento de encontrar el propósito.

https://elpais.com/eps/2024-03-21/como-encontrar-tu-proposito-en-la-vida.html

Algo especial

El escritor Dan Buettner viaja por el mundo para explorar cinco lugares muy especiales donde la gente disfruta de una vida extraordinariamente larga y activa. *Los secretos de las zonas azules. Una serie en Netflix.*

Se puede ver el vídeo escaneando el QR o a través del siguiente enlace: https://www.netflix.com/es/title/81214929

Referencias

BUETTNER, D. (2012). *The blue zones: 9 lessons for living longer from the people who've lived the longest.* National Geographic Books.

— (2017). *The blue zones of happiness: lessons from the world's happiest people.* National Geographic Books.

BUETTNER, D. y SKEMP, S. (2016). Blue zones: lessons from the world's longest lived. *American journal of lifestyle medicine, 10*(5), 318-321.

FLORES, M. V. (2020). La esperanza: clave de nuestro bienestar y de nuestros éxitos. *The conversation.* Disponible en https://the-conversation.com/la-esperanza-clave-de-nuestro-bienestar-y-de-nuestros-exitos-129226

GOODALL, J. (1996). *My life with the chimpanzees.* Simon and Schuster

— (2010). *Through a window: My thirty years with the chimpanzees of Gombe.* HMH.

GOODALL, J. y ABRAMS, D. (2022). *El libro de la esperanza: Una guía de supervivencia para tiempos difíciles.* Editorial Paidós, Barcelona.

GOODALL, J. y BERMAN, P. (1999). *Reason for hope: A spiritual journey.* Grand Central Publishing.

GWINN, C. y HELLMAN, C. (2018). *Hope rising: How the science of hope can change your life.* Morgan James Publishing.

INSTITUTO JANE GOODALL. (s.f.). Biografía. *Instituto Jane Goodall España.* Disponible en https://janegoodall.es/es/biografia.html

KOTERA, Y., KALUZEVICIUTE, G., GARIP, G., MCEWANK, K. y CHAMBE-RIAIN, K. J. (2021). Health benefits of Ikigai: a review of literature. *New York: Current Psychology.[Google Scholar].*

MIRALLES, F. y GARCÍA, H. (2017). *El método Ikigai (nueva edición actualizada): Despierta tu verdadera pasión y cumple tus propósitos vitales.* Aguilar.

MOGI, K. (2018). *Awakening Your Ikigai: How the Japanese wake up to joy and purpose every day.* The Experiment.

— (2018). *Ikigai esencial/Essential Ikigai.* National Geographic Books.

MUNOZ, R. T., HOPPES, S., HELLMAN, C. M., BRUNK, K. L., BRAGG, J. E. y CUMMINS, C. (2018). The effects of mindfulness meditation on hope and stress. *Research on Social Work Practice, 28*(6), 696-707.

VINACCIA, S. (2024). Ikigai. *Medicina, 46*(1), 267-270.

Vincent Van Gogh: Retrato del artista, 1887 (RF 1947 28).
Por cortesía del Musée d'Orsay (París), aceptada por el Estado francés como donación sujeta a usufructo de Jacques Laroche en 1947.

8

Retrato incompleto de la convicción: Vincent van Gogh

«No debemos hacernos ilusiones, sino prepararnos a no ser comprendidos, a ser despreciados y a ser deshonrados, y, a pesar de todo, debemos conservar nuestro ánimo y nuestro entusiasmo».

VINCENT VAN GOGH

A ritmo frenético

Y entré en la sala, y allí la encontré. Se me aceleraba el corazón según avanzaba hacia ella. Apenas había visitantes; fue como el mejor y más intenso de los encuentros de tú a tú; mirada directa, sincera, íntima. Me temblaban las piernas. Y no podía dejar de avanzar. Avanzar hasta la *Noche estrellada*. No sé cuánto tiempo estuve allí, no sé si en algún momento hubo personas a mi alrededor. No sé en qué instante ni cómo me despedí. Pero sí sentí que, pese a haberla visto tantas veces, en tantos lugares… no estaba preparada para ver tanta belleza en estado puro, belleza en bruto, belleza honesta hablándole directamente al alma.

Vincent van Gogh pintó a ritmo frenético, creó a ritmo frenético y quizás pensó y sintió a ritmo frenético en esa soledad en la que vivió enmarañado. Se definió a sí mismo como un ser «con una hoguera en el pecho a la que nunca se acerca nadie a calentarse».

Desde 1872 hasta el año de su muerte, 1890, escribió más de 800 cartas, casi todas dirigidas a su hermano Theo. Desde 1880 —año en que empieza a trabajar con regularidad y ambición profesional— hasta 1890 realiza una obra que, según los catálogos más completos, sobrepasa la suma de 850 cuadros, con más de 1.600 dibujos, resultado de ese ritmo, de esa mente y de esa necesidad. «Desde que compré mis primeros colores y mis utensilios de pintor, he estado yendo y viniendo y trabajando hasta el extremo de quedar completamente agotado... No he podido contenerme, literalmente no he podido abstenerme ni cesar de trabajar...».

Luz en las sombras

Los autores de la biografía *Van Gogh. La vida,* Steven Naifeh y Gregory White Smith (2011), dibujan sentimientos mucho más allá de lo obvio de esa locura popularizada del artista; ponen luz sobre sombras y lucidez sobre su vida, y entrelazan de manera extraordinaria historia y pensamientos. Dicen en su libro certero de su querido hermano Theo que, en su opinión, «Vincent era simplemente un hombre excepcional, una especie de Quijote que luchaba contra los molinos de viento; un excéntrico bienintencionado, no un loco».

Desde vivir entre mineros, ser marchante de arte, ilustrar revistas o intentar hacerse sacerdote —era hijo de un pastor protestante holandés— en ese intento de poner su vocación al servicio del mundo a pintar, aunque sin ser visto, porque sus cuadros se amontonaban sin ser mirados en armarios, desvanes, habitaciones de parientes y de otras gentes... Vincent, como le llamaba su hermano, insistía en que solo conociendo a Vincent «desde dentro» cabía ver su arte como él lo veía o, mejor dicho, como él lo sentía.

Fue un extraordinario observador. Decía Plinio el Viejo: «La verdadera gloria nace de la observación constante de la naturaleza». Y Van Gogh observaba la naturaleza, observaba sin descanso. «Pasaba los días escrutando y estudiando la vida del sotobosque», recordaría su hermana Lies. Podía quedarse «durante horas junto a un nido, simplemente mirando. Su mente parecía hecha para observar y pensar». Años más tarde, Vincent escribiría a Theo: «Compartimos nuestro interés por observar tras las candilejas». Vincent van Gogh solo encontró la gloria en vida (1853-1890) quizás en la naturaleza porque nunca imaginó la gloria póstuma.

Como afirmó Fayad Jamís en la Introducción a *Cartas a Theo* (Van Gogh, 2012), solo en los últimos meses de su vida recibiría —quizás con la indiferencia de quién ha vivido la miseria, sentido el olvido, el desgarro y la profunda incomprensión— dos buenas noticias con respecto a su carrera artística; un crítico distinguido publicó en el *Mercure de France* un importante estudio acerca de su pintura, y su fiel hermano Theo, modesto marchante de cuadros impresionistas, logró vender, por primera vez, su tela *Viña roja* por una suma baja.

¿Acaso es un defecto?

Ayudado y mantenido por Theo, en enero de 1889 le decía: «Habrás vivido siempre pobre por darme de comer, pero yo devolveré el dinero o entregaré el alma». No alcanzó a ver el día en que acaso hubiera podido devolver el dinero que le permitió realizar una de las obras artísticas más deslumbrantes y auténticas de los tiempos modernos.

Theo conocía los rumores que circulaban sobre su hermano: *C'est un fou* (está loco). La gente consideraba que el arte de su hermano era obra de un demente. Cuentan sus biógrafos Naifeh y White Smith cómo un crítico calificaba sus formas distorsionadas y colores brillantes como «el producto de una mente enferma», de quien que hoy se escribe que es «uno de los artistas más fascinantes de la historia universal».

En su intento por ayudar y «dulcificar» su arte, Theo le aconsejaba no usar tanta pintura, no aplicarla tan rápidamente… no crear a un ritmo tan violento. «A veces trabajo excesivamente deprisa, contestaba Vincent, ¿acaso es un defecto?».

Su convicción, su fortaleza, su intuición, su lucha sin tregua, su coraje, su inconformismo, su manera de hacer, su entereza, su constancia sorprende e inspira. Decía Van Gogh en una de sus cartas (3 de abril de 1878): «No se puede retroceder y, cuando se ha empezado a considerar las cosas con una mirada libre y confiada, no se puede volver atrás ni claudicar» a la vez que intimida y entristece. Y entristece por la mirada incompleta a su vida; porque no se entendió su arte, porque Vincent se exigió y se comprometió a dar un nuevo sentido artístico y el mundo le ignoró; porque vivió el ataque inalterable y directo de la incomprensión, porque se perdió por momentos a sí mismo mientras avanzaba de rechazo en rechazo, de desengaño en desengaño, interrogándose: «¿Para qué pues podría yo ser útil, para qué podría servir?».

«Quiero pintar lo que siento y sentir lo que pinto». Y mantuvo su inquebrantable convicción hasta el día de su muerte. Pensaba que nadie podría entender su pintura sin conocer la historia de su vida: «Yo soy mi obra», afirmó.

Theo devolvía a Vincent sus atenciones con un cariño que rayaba la devoción. Creía que Vincent era «mucho más que un ser humano».

Unos segundos antes de morir le diría a Theo: «Fracasado una vez más… La miseria no acabará nunca…».

La gloria había llegado. El mito había nacido.

En la cara B

 La convicción tiene algo de quijotesco, de disputa frente a molinos, de lucha contracorriente en un río con aguas revueltas, de camino andado en solitario. La convicción, esa capacidad de creer en algo firmemente que lleva a perseverar con pasión, está rodeada no solo por dudas, sino por «cantos de sirena» que pueden doblegar cualquier libertad de pensamiento: miedos ante lo desconocido, desasosiegos ante la indiferencia, modas y corrientes; compromisos que rozan la servidumbre con las organizaciones y sus maneras de pensar; la demoledora sensación de estar en el ojo de la tormenta… y tantas cosas que hacen que creer en algo imperturbablemente se vuelva valentía. Decía Robert Louis Stevenson, ensayista británico y autor de algunas de las historias fantásticas y de aventuras más clásicas de la literatura como *La isla del tesoro* o *El extraño caso del doctor Jekyll y el señor Hyde*: «Saber lo que prefieres, en lugar de decir sumisamente "amén" a lo que el mundo te dice que debieras preferir, significa que has mantenido tu alma con vida».

El propio Theo hablaba de don Quijote y su cuerda locura al describir a su hermano Vincent, quien reclamaba el poder de la libertad. Y decía don Quijote: «La libertad, Sancho, es uno de los más preciosos dones que al hombre dieron los cielos; con ella no pueden igualarse los tesoros que la tierra encierra ni el mar encubre; por la libertad, así como por la honra, se debe aventurar la vida» (Quijote II, LVIII). En una publicación del Centro Virtual Cervantes, el filólogo y miembro correspondiente de la Real Academia Española por Corea desde 2009 Chul Park afirma: «Don Quijote de la Mancha se convierte, en manos de Cervantes, en un instrumento para soñar con una sociedad justa donde las obras hacen linaje y la verdadera nobleza consiste en la virtud». La locura no era tal; era inconformismo, era inadaptación a un mundo injusto, era una visión clara. Porque para Miguel de Cervantes «la virtud y las buenas obras son el único criterio según el cual se determina la calidad de un ser humano».

La convicción es esencial en el liderazgo y en la vida, representa la determinación y la seguridad con la que se defienden ideas y principios, lo que a su vez genera confianza. Y la confianza es piedra angular y semilla del liderazgo efectivo. Sin ella, los equipos no pueden funcionar de manera unida y la motivación se desvanece. El Dr. Stephen M. R. Covey, escritor mundialmente conocido por su libro *Los 7 hábitos de las personas altamente efectivas*, afirma en su libro *La velocidad de la confianza: el valor que lo cambia todo* que la confianza «es el activo más ignorado, incomprendido e infrautilizado para activar el rendimiento». Dada la magnitud de su impacto, confianza y convicción se convierten en pilares fundamentales que no pueden ignorarse ni pasarse por alto con el desdén que provoca lo que no se practica o no se conoce, pues ambas tienen el poder de transformar radicalmente el éxito tanto en el ámbito personal como profesional.

Cuando un líder muestra convicción, transmite a su equipo la certeza de que tiene una visión clara y bien fundamentada que compartir, precisamente con convicción y con apertura de mente y de mirada.

Van Gogh aventuró su vida, fue pasión, determinación y convicción hacia su arte, sin tregua, sin descanso. Y siempre con mirada curiosa, abierta, libre.

«Admira todo lo que puedas —recomendaba Vincent a su hermano—, la mayoría de la gente no admira lo suficiente».

Como en una travesura de palabras, la carambola de los parecidos juega su partida.

El buen Sancho afirmaba que, al final, «cada uno es hijo de sus obras». Vincent van Gogh afirmó en una carta enviada a su hermano Theo: «Yo soy mi obra».

Para ver y escuchar

La figura de Van Gogh atrapa. Y hay mucha documentación y también documentales sobre el genio. Aunque hay preguntas sin contestar, sin duda merece la pena ver alguno como el documental *Van Gogh; why the artist is still an enigma?*

Algunos de los mejores documentales están reunidos en la web *The 10 Best Documentaries About Vincent Van Gogh*.

Se puede ver el vídeo escaneando el QR o a través del siguiente enlace: https://www.documentarytube.com/best-of/the-best-documentaries-about-vincent-van-gogh/#google_vignette

Nuestras vidas, nuestras culturas, están hechas de muchas historias interrelacionadas. La novelista Chimamanda Adichie cuenta cómo encontró su voz cultural auténtica y advierte que, si solo escuchamos una historia, corremos el riesgo de caer en profunda incomprensión, en sesgos, en prejuicios. Esta es su Ted Talk, *El peligro de la historia única* (Adichie, 2010).

Se puede ver el vídeo escaneando el QR o a través del siguiente enlace: https://www.youtube.com/watch?v=D9Ihs241zeg

Para leer

Van Gogh, pintor atormentado e incomprendido, reportaje de *National Geographic* (Sadurní, 2024).

Se puede ver el vídeo escaneando el QR o a través del siguiente enlace: https://historia.nationalgeographic.com.es/a/vincent-van-gogh-pintor-atormentado-e-incomprendido_14554

¿Cómo se debe liderar en un mundo en constante cambio? Un artículo de Dan Pontefract (2024).

Se puede ver el vídeo escaneando el QR o a través del siguiente enlace: https://forbes.es/empresas/446325/asi-es-como-se-debe-liderar-en-un-mundo-en-constante-cambio/

Algo especial

«Mirar las estrellas siempre me hace soñar», decía Vincent van Gogh. A continuación, se encuentran las páginas multimedia que el MOMA (2019 y 2025) dedica a *La noche estrellada*.

Se puede ver el vídeo escaneando el QR o a través del siguiente enlace: https://www.moma.org/collection/works/79802

Se puede ver el vídeo escaneando el QR o a través del siguiente enlace: https://www.moma.org/audio/playlist/296/44

Referencias

ADICHIE, C. (2010). El peligro de la historia única. TED. Disponible en https://www.youtube.com/watch?v=D9Ihs241zeg

CALVO, M. (2016). Vincent van Gogh. *Historia Arte*. Disponible en https://historia-arte.com/artistas/vincent-van-gogh

CATWRIGHT, M. (2022). Vincent van Gogh. *World History Encyclopedia*. Disponible en https://www.worldhistory.org/trans/es/1-20649/vincent-van-gogh/

CERVANTES, M. (2015). *El ingenioso hidalgo don Quijote de la Mancha*. Aegitas.

COUTU, D. (2002). How Resilience Works. *Harvard Business Review*. Disponible en https://hbr.org/2002/05/how-resilience-works

COVEY, S. M. y MERRILL, R. R. (2007). *El factor confianza*. Paidós.

– (2007). *La velocidad de la confianza: El valor que lo cambia todo*. Grupo Planeta (GBS).

COVEY, S. R. (2015). *Los 7 hábitos de la gente altamente efectiva: Edición de Imágenes*. Mango Media Inc.

HISTORIAUNIVERSAL.ORG. (2023). La noche estrellada. *HistoriaUniversal.org*. Disponible en https://historiauniversal.org/la-noche-estrellada/

MARTÍNEZ, S. C. (2013). Vincent van Gogh. *Razón y fe*, 268(1380), 299-306.

MEYERS, J. y SOLOMON, D. (2012). Van Gogh, Vincent: Van Gogh: The Life. *Biography*, 35(1), 256-257.

MOMA (2019). Publication excerpt from MoMA Highlights: 375 Works from The Museum. *MOMA*. Disponible en https://www.moma.org/collection/works/79802

– (2025). Vincent van Gogh. The Starry Night. Saint Rémy, June 1889. *MOMA*. Disponible en https://www.moma.org/audio/playlist/296/44

NAIFEH, S. (2021). *Van Gogh and the artists he loved*. Random House.

NAIFEH, S. y SMITH, G. W. (2011). *Van Gogh: The Life*. Random House.

– (2012). *Van Gogh: la vida*. Taurus.

PONTEFRACT, D. (2024). Así es como se debe liderar en un mundo en constante cambio. *Forbes*. Disponible en https://forbes.es/empresas/446325/asi-es-como-se-debe-liderar-en-un-mundo-en-constante-cambio/

SADURNÍ, J. M. (2024). Vincent van Gogh, un pintor atormentado e incomprendido. *National Geographic*. Disponible en https://historia.nationalgeographic.com.es/a/vincent-van-gogh-pintor-atormentado-e-incomprendido_14554

Southwick, F. S., Martini, B. L., Charney, D. S. y Southwick, S. M. (2017). Leadership and resilience. *Leadership today: Practices for personal and professional performance*, 315-333.

Van Gogh-Bonger, J. y Gayford, M. (2018). *A Memoir of Vincent Van Gogh*. Getty Publications.

Van Gogh Museum (2020). Vincent's Life, 1853-1890. *Van Gogh Museum*. Disponible en https://www.vangoghmuseum.nl/en/art-and-stories/vincents-life-1853-1890

Van Gogh, V. (2023). *Cartas a Théo* (Vol. 30). Adriana Hidalgo Editora.

Cristóbal Balenciaga
Fuente: Cristóbal Balenciaga Museoa.

9

El legado de la humildad: Cristóbal Balenciaga

«Un modisto debe ser arquitecto para los planos, escultor para formas, pintor para el color, músico para la armonía y filósofo en el sentido de la medida».

CRISTÓBAL BALENCIAGA

Chapeau al unísono

Getaria es tradición, esfuerzo, belleza silenciosa, pueblo marinero. Y allí nació Cristóbal Balenciaga Eizaguirre, hijo de un pescador y una costurera de la que aprendió su arte, el arte del bien hacer. Balenciaga, siempre cauto, siempre prudente, siempre austero, siempre sobrio, siempre reservado hasta el misterio, revolucionó el mundo de la moda con el sigilo de la elegancia y la excelencia del día a día, quizás a sabiendas de que, como decía Aristóteles, «somos lo que hacemos repetidamente. La excelencia, entonces, no es un acto, sino un hábito».

Ganarse la admiración de grandes no es ni fácil ni baladí. Y eso es precisamente lo que Balenciaga hizo: conseguir no el halago vacío, sino la admiración sincera de sus contemporáneos, de la prensa y de las siguientes generaciones, una rendición ante la evidencia del talento extraordinario, un *chapeau* al unísono. Coco Chanel lo calificaba de auténtico *couturier*; Christian Dior le denominaba «el maestro de todos nosotros» y decía «la alta costura es una gran orquesta que solo él sabe dirigir; todos los demás seguimos sus indicaciones»; Hubert de Givenchy se refería a él como «el arquitecto de la alta costura»; Emanuel Ungaro apuntó algo más allá de la alta costura: «Es una persona extraordinaria».

La simplicidad de las prendas por fuera y el rigor por dentro, hilván a hilván, puntada a puntada, como una obra perfecta de arquitectura le consagraron como ese escultor de telas en el majestuoso universo de siluetas. Y detrás de esa ingeniería textil, estaba su capacidad innovadora incesante, compañera de camino de su perfeccionismo. Considerado unánimemente como uno de los modistos más destacados e influyentes del siglo XX, no buscaba ni foco ni fama, no buscaba alzar su voz con voz; buscaba de manera incansable, audaz y preciosista crear y evolucionar, seguir y perseguir la perfección.

Lo bueno es enemigo de lo extraordinario

En este tiempo del *like* pagado, del rígido posado del *influencer* del momento, del aplauso digital y del retoque; en este contexto actual de mundo polarizado, de opiniones extremas y enfrentamientos, en el que hablar de humildad cuando se habla de liderazgo se ha vuelto un *must*, una obligación fingida que pone de manifiesto la falta de autenticidad frente a la acuciante necesidad de verdad, aquí es precisamente donde el maestro Balenciaga diseña su gran obra paralela a su arte, su «otro» hacer, el que marcara a los que le conocieron: el legado de la humildad. La humildad no solo como virtud, sino como forma de hacer, de crear, de trabajar, de vivir y de ser. Y es que no buscaba proclamar en el medio, la entrevista o la revista; no buscaba la fama por la fama. Buscaba que todo eso se posara donde debía posarse, en su obra, en su trabajo; que sus creaciones, fruto del esfuerzo de la coherencia y de la búsqueda de la excelencia desde una inusitada e infatigable humildad, fueran las que encumbrasen la obra.

En el libro *Good to Great,* ese «de lo bueno a lo mejor», del paso de lo bien hecho a lo extraordinario, el autor y profesor Jim Collins y su equipo de investigadores exploran la transformación de las empresas hacia la excelencia. Y en el análisis de empresas a lo largo de años, detectan algo en sus líderes y su manera de hacer las cosas. Ese algo, ese rasgo distintivo es la combinación de esfuerzo y voluntad con humildad de carácter personal. Collins enfatiza que no es el carisma sino la combinación de determinación y humildad lo que define este tipo de liderazgo que lleva a las organizaciones de ser buenas a dar el paso más allá. Tras una intensa investigación con su equipo, el Dr. Collins afirma:

> Nos quedamos totalmente sorprendidos cuando descubrimos el tipo de liderazgo que se necesita para llevar a la excelencia a una empresa. A diferencia de los líderes de altos perfiles y personalidades apabullantes que han inspirado tantos titulares y se han hecho famosos, los líderes de las empresas que han logrado sobresalir parece que hayan venido de Marte. Son personas modestas, tranquilas, reservadas e incluso tímidas; son líderes que combinan la modestia y la humildad extrema con una intensa determinación.

Dice el autor de *Good to Great* que lo bueno es enemigo de lo extraordinario por lo que tiene de renuncia, de pasividad y de conformismo. Y precisamente ese rasgo tenía Balenciaga, el de luchador sin tregua y sin atajos, fiel a sí mismo, demasiado ocupado en buscar y en trabajar para ser mejor.

Simone Weil, filósofa y activista en permanente búsqueda, tenía una sensibilidad capaz de pasmar hasta la admiración, como relató su compañera de clase Simone de Beauvoir en un texto autobiográfico:

> Una gran hambruna había sacudido China y me dijeron que ella (Simone Weil) prorrumpió en sollozos cuando recibió aquella noticia; esas lágrimas me obligaron a respetarla aún más que por sus dotes para la filosofía. La envidiaba porque tenía un corazón capaz de latir por todo el mundo.

Era además una gran investigadora de ese gran término del que a veces dudamos si es virtud o debilidad: la humildad. Weil subrayaba con brillante precisión, como dibujando con trazo fino en un pergamino, que todo aquello que nos genera orgullo es ilusorio y no permanece; «aquello de lo que nos enorgullecemos es siempre algo de lo cual las circunstancias nos pueden privar. Tomar consciencia de esta mentira es la virtud de la humildad».

Un mundo en cambio obligaba al diseñador de manera irremediable a transformar su negocio hacia algo en lo que probablemente no se reconocía, en un momento de honda pérdida. El 22 de mayo de 1968 el diseñador anuncia su repliegue, su retiro, su paso atrás, o más bien a un lado, una salida que conmocionó al mundo de la moda. Y el mundo de la moda echó de menos su misterio, su discreción, su clase. Su arte.

22 de marzo de 1977. Fallece el maestro. Se lee en la propia página web de su museo, el Museo Cristóbal Balenciaga —un espacio que quizás jamás pensó ni soñó, inaugurado en 2011, donde su colección, la colección del maestro es custodiada con mimo—, que la revista *Vogue* lo despide publicando por primera vez las imágenes icónicas del célebre fotógrafo Cartier-Bresson que lo retrataban de la manera más fiel: creando, trabajando, haciendo.

Y, junto a ellas, una cita de la escritora francesa Violette Leduc:

> Cuando diseña un vestido, Balenciaga esculpe, pinta y escribe. Por eso está por encima de todos los demás. Crear vestidos, volver a partir una y otra vez del mismo modelo, es elegir constantemente, sin pausa. De la misma forma que respiramos para seguir viviendo. Elegir es dar aliento a lo que aún no tiene forma, dar vida a lo que aún no ha nacido. En esto, Balenciaga es supremo.

En la cara B

La humildad auténtica no necesita ser adornada ni proclamada. Hablar constantemente de ella puede convertirse, paradójicamente, en una manifestación de orgullo disfrazada de modestia. Sin embargo, cuando la humildad es genuina, cala profundamente en los demás por su autenticidad. La autenticidad es cada vez más apreciada, precisamente porque se ha vuelto algo valioso, casi como una *rara avis*. En un mundo de apariencias y fachadas, la autenticidad brilla con luz propia.

Jim Collins escribió en *Harvard Business Review* un artículo acerca de su libro *Good to Great* en el que afirma que los consejos de dirección suelen creer que transformar una empresa de buena a excelente requiere una personalidad extrema, un jefe egocéntrico que dirija al equipo. Y, sin embargo, el autor (como tantos otros investigadores) afirma que el ingrediente esencial para llevar a una empresa a la grandeza es contar con una persona líder en quien la extrema humildad personal se mezcle con una intensa voluntad profesional. En este artículo, Collins traza un retrato convincente y contraintuitivo de las habilidades y los rasgos de personalidad necesarios para un liderazgo eficaz. Identifica las características comunes a los líderes de lo que llama «nivel 5»: humildad, voluntad, determinación feroz y tendencia a reconocer el mérito de los demás y culparse a sí mismos.

Las investigaciones realizadas en la última década han demostrado que la humildad es una cualidad clave de los líderes que son capaces de motivar y llegar junto al equipo a lograr un rendimiento sólido. La humildad es cada vez más importante para los líderes que dirigen sus organizaciones en entornos cada vez más dinámicos y turbulentos, en este tiempo que ha pasado del VUCA al BANI[1]. La rapidez, imprevisibilidad y complejidad a la que se enfrentan las organizaciones exigirá a los líderes del siglo xxi más humildad y menos ego.

Tal y como afirma la Dra. Ou de la Universidad de la Universidad Nacional de Singapur, el creciente interés académico y profesional por la humildad no es sorprendente, dada la reciente experiencia de las últimas décadas, caracterizada por escándalos éticos y decisiones empresariales cuestionables asociadas a los directores ejecutivos.

---

[1] VUCA: Acrónimo de *volatilidad*, *incertidumbre*, *complejidad* y *ambigüedad*, describe un entorno de constante cambio y dificultad para prever el futuro.
BANI: Acrónimo de *brittle* (frágil), *anxious* (ansioso), *nonlinear* (no lineal), e *incomprehensible* (incomprensible), refleja un mundo aún más complejo, donde la fragilidad, la ansiedad, las reacciones no lineales y la falta de comprensión son predominantes.

El Dr. Bradley Owens y su equipo, tras un riguroso estudio de la literatura existente respecto al término *humildad*, concluyen que definen la humildad como una característica interpersonal que emerge en contextos sociales que connota (a) una voluntad manifiesta de verse a sí mismo con precisión, (b) una apreciación de los puntos fuertes y las contribuciones de los demás y (c) la capacidad de enseñar. Continúan además afirmando que la humildad expresada refleja la tendencia de una persona a abordar las interacciones interpersonales con una fuerte motivación para aprender a través de los demás. El Dr. Owens dirigió una investigación que mostró que los equipos con líderes calificados como más humildes obtuvieron un mejor desempeño. Una investigación dirigida por la Dra. Ou afirma que la humildad es un atributo potencialmente importante de los CEO, con implicaciones para la estrategia y los resultados de las empresas.

El bienestar se ha vuelto una necesidad en las organizaciones y en la propia sociedad, que asiste atónita a los datos de infelicidad, desapego y tristeza en las empresas. Gallup, una empresa de investigación de mercados y opinión, publica desde 2012 su informe *State of the Global Workplace*, enfocado en analizar y reportar tendencias y estadísticas relacionadas con el compromiso laboral a nivel mundial. En el informe *State of the Global Workplace: 2024 Report*, subtitulado como «La voz de los empleados y empleadas del mundo», su CEO comienza con una frase del *Informe sobre desarrollo humano 2023-2024, programa de las Naciones Unidas para el desarrollo:* «El bienestar mental de las personas ha ido empeorando. En los últimos 10 años, el número de personas que expresan estrés, tristeza, ansiedad, ira o preocupación ha ido en aumento y ha alcanzado sus niveles más altos desde que comenzaron las encuestas Gallup.

Estos son algunos datos concretos que publica el informe: «La tristeza afecta cada día a un 25% de los empleados. El 36% de los trabajadores españoles sufren estrés diario; el 25%, tristeza; y el 22%, ira debido al trabajo».

Dirigir y liderar empresas en tiempos complicados, de fragilidad sentida, no es sencillo ni hay fórmulas exactas de éxito. Y, sin embargo, hay una ventana extraordinaria de posibilidades, de transformación.

Las décadas de investigación de Gallup sobre la gestión eficaz revelan aspectos que ponen foco en el camino de liderazgo y que no son ilusión o quimera: hablan de la importancia del respeto, de la humildad, del *feedback* que aporta valor, de la relevancia de crear un ambiente positivo y del poder de la sensibilidad que hace que la persona que lidera sea capaz de ver y valorar fortalezas, «los dones únicos de las personas empleadas». Los grandes líderes —continúa el informe— ayudan a las personas empleadas a encontrar sentido y recompensa a su trabajo. Y los resultados son claros: mayor productividad. Pero no solo eso: más ganas de aprender, de avanzar, de crecer y de implicarse.

El hecho de que se haya demostrado que el liderazgo humilde mejora el bienestar parece un elemento clave para, cuando menos, hacerse preguntas. La humildad puede ser una fortaleza en el liderazgo y en el ámbito profesional a pesar de ese estigma que la rodea de buenismo o debilidad. Los líderes humildes no solo mejoran el rendimiento y bienestar de sus equipos, sino que también fomentan una cultura organizacional positiva que beneficia a todo el ecosistema de la empresa.

«La única sabiduría que podemos esperar adquirir es la sabiduría de la humildad», T. S. Eliot.

Algo para ver y escuchar

El psicólogo y autor Daniel Goleman es uno de los principales expertos en inteligencia emocional y social del mundo. Escritor prolífico, Goleman es mundialmente conocido por su libro *Inteligencia emocional: Por qué puede importar más que el cociente intelectual*. Su trabajo destaca cómo comprender y gestionar las propias emociones, así como las emociones de los demás, puede impactar significativamente en el éxito personal y profesional. La investigación de Goleman se extiende a áreas como el liderazgo, donde enfatiza la importancia de las competencias emocionales y sociales, incluyendo la empatía y la humildad, en un liderazgo efectivo. Sus ideas han influido en una amplia gama de campos, incluyendo la educación, los negocios y la salud mental.

Este vídeo es una entrevista al Dr. Goleman, *What makes a leader?* (LeadersIn, 2016).

Se puede ver el vídeo escaneando el QR o a través del siguiente enlace: https://www.youtube.com/watch?v=_QpUH7i7EhM

Algo para leer

Siempre es interesante darse un paseo por un museo —aunque sea virtual—. En este caso el Museo Balenciaga.

Se puede ver el vídeo escaneando el QR o a través del siguiente enlace: https://www.cristobalbalenciagamuseoa.com/

Artículo de *Harper's Bazaar* (2024): 10 capítulos imprescindibles del maestro de la costura, de los orígenes de la sucesión.

Se puede ver el vídeo escaneando el QR o a través del siguiente enlace: https://www.harpersbazaar.com/es/moda/noticias-moda/g323180/exposicion-sobre-la-costura-de-cristobal-balenciaga-en-el-museo-victoria-albert-de-londres/

El Dr. Goleman (2024) y el liderazgo.

Se puede ver el vídeo escaneando el QR o a través del siguiente enlace: https://www.businessandleadership.com/leadership/item/33518-what-makes-a-leader/

Interesante entrevista al Dr. Marshall Goldsmith (González, 2021), *coach* y escritor.

Se puede ver el vídeo escaneando el QR o a través del siguiente enlace: https://www.harvard-deusto.com/entrevista-a-marshall-goldsmith-los-tres-factores-clave-para-el-exito-son-valentia-humildad-y-disciplina

Algo especial

Este es el tráiler de la cuidadísima serie Balenciaga, con el actor Alberto San Juan encarnando al diseñador.

Se puede ver el vídeo escaneando el QR o a través del siguiente enlace: https://www.youtube.com/watch?v=gSX-oqOPMOI

Referencias

ARZALLUZ, M. (2010). Cristóbal Balenciaga. *La forja del maestro*. Editorial Nerea.

BROWN, B. (2022). *The Gifts of Imperfection: Features a new foreword and brand-new tools*. Simon and Schuster.

CIFUENTES, C. L. (2004). *Humildad y liderazgo: ¿necesita el empresario ser humilde?* Herberto Ruz.

COLLINS, J. (2001). *Good to Great: why some companies make the leap... and others dont*. Random House Business.

- (2001). Level 5 Leadership: The Triumph of Humility and Fierce Resolve. *Harvard Business Review*. Disponible en https://hbr.org/2001/01/level-5-leadership-the-triumph-of-humility-and-fierce-resolve-2
- (2019). *Turning the flywheel: A monograph to accompany good to great*. Random House.

CRISTÓBAL BALENCIAGA MUSEOA (2025). Cristóbal Balenciaga. *Cristóbal Balenciaga Museoa*. Disponible en https://www.cristobalbalenciagamuseoa.com/descubre/cristobal-balenciaga/

DICKSON, J. P. (2011). *Humilitas: A lost key to life, love, and leadership*. Harper Collins.

FINNIE, W. C. y ABRAHAM, S. C. (2002). Getting from good to great: A conversation with Jim Collins. *Strategy & Leadership, 30*(5), 10-14.

GOLEMAN, D. (2024). What Makes a Leader? Daniel Goleman. *Business & Leadership*. Disponible en https://www.businessandleadership.com/leadership/item/33518-what-makes-a-leader/

GONZÁLEZ, A. (2021). Entrevista a Marshall Goldsmith: «Los tres factores clave para el exito son valentía, humildad y disciplina». *Harvard Deusto*. Disponible en https://www.harvard-deusto.com/entrevista-a-marshall-goldsmith-los-tres-factores-clave-para-el-exito-son-valentia-humildad-y-disciplina

GRANT, A. (2013). *Give and take: A revolutionary approach to success*. Penguin.

HARPER'S BAZAAR (2024). 10 hitos sobre Cristóbal Balenciaga que debes conocer. *Harper's Bazaar*. Disponible en https://www.harpersbazaar.com/es/moda/noticias-moda/g323180/exposicion-sobre-la-costura-de-cristobal-balenciaga-en-el-museo-victoria-albert-de-londres/

LEADERSIN (2016). Daniel Goleman on what it takes to be a great leader. *LeadersIn*. Disponible en https://www.youtube.com/watch?v=_QpUH7i7EhM

MILLER, L. E. y Victoria and Albert Museum (Londres, Royaume-Uni). (2017). *Balenciaga: Shaping Fashion*. V & A Publishing.

OU, A. Y., WALDMAN, D. A. y PETERSON, S. J. (2018). Do humble CEOs matter? An examination of CEO humility and firm outcomes. *Journal of management, 44*(3), 1147-1173.

OWENS, B. P. (2009). *Humility in organizational leadership*. University of Washington.

OWENS, B. P., JOHNSON, M. D. y MITCHELL, T. R. (2013). Expressed humility in organizations: Implications for performance, teams, and leadership. *Organization Science, 24*(5), 1517-1538.

OWENS, B. P., WALLACE, A. S. y WALDMAN, D. A. (2015). Leader narcissism and follower outcomes: The counterbalancing effect of leader humility. *Journal of applied psychology, 100*(4), 1203.

PALOMAR, A. (2024). Simone Weil, la filósofa pacifista que luchó en la Guerra Civil española. *Historia National Geographic*. Disponible en https://historia.nationalgeographic.com.es/a/simone-weil-filosofa-pacifista-que-lucho-guerra-civil-espanola_19057

RIELLO, G. (2016). *Breve historia de la moda*. Editorial Gustavo Gili.

TREGENZA, L. (2021). Copying a Master: London Wholesale Couture and Cristóbal Balenciaga in the 1950s. *Fashion Theory, 25*(4), 457-479.

VAM. (s.f.). Cristóbal Balenciaga. *VAM*. Disponible en https://www.vam.ac.uk/collections/cristobal-balenciaga

VIVES, M. (2022). Un legado para el futuro. *Cristóbal Balenciaga Museoa*. Disponible en https://blog.cristobalbalenciagamuseoa.com/un-legado-para-el-futuro/

VOGUE (2024). Cristóbal Balenciaga, «el arquitecto de la alta costura»: así fue la trayectoria del genial diseñador español. *Vogue*. Disponible en https://www.vogue.es/moda/modapedia/disenadores/cristobal-balenciaga/172

ZUBIZARRETA, I. U. (2015). Cristóbal Balenciaga Museoa. *Datatèxtil*, (32), 68-74.

Federico García Lorca con María Antonieta Rivas y dos amigos en Nueva York.
Fuente: Cortesía del Archivo Fundación Federico García Lorca (Centro Federico García Lorca).

10

Medio pan y un libro o la curiosidad que alimentó el talento: Federico García Lorca

«El más terrible de los sentimientos es el sentimiento de tener la esperanza perdida».

FEDERICO GARCÍA LORCA

«Anda, jaleo, jaleo:
ya se acabó el alboroto
y vamos al tiroteo.
No salgas paloma al campo
Mira qué soy cazador…».
Federico García Lorca (2012)

En primera persona

Estos son mis recuerdos al llegar a casa del colegio, abrir la puerta y escuchar a mi madre cantando por Lorca. El nombre del poeta está vinculado a mi vida como parte casi de mi propia historia. Porque mi madre, granaína, así nos lo transmitía, con el orgullo de la tierra, de una tierra que compartían. Porque le sentía, y le sentía leyenda.

El 5 de junio de 1898 nacía Federico García Lorca en Fuente Vaqueros, Granada. Considerado uno de los poetas más brillantes del siglo XX, su obra tuvo un gran reconocimiento y su muerte supuso un gran dolor. Profundizó en los ecos del alma andaluza a través de su música —desde los lamentos del cante jondo al duende del flamenco—, a través de su infancia, a través de sus vivencias, a través de su memoria y de su alma.

A Lorca no le interesaba el aprendizaje disciplinado, rígido y riguroso. Como afirma María Remedios Sánchez, catedrática de Didáctica de la Lengua y la Literatura de la Universidad de Granada, lo suyo era la creatividad inmensa fruto de la reflexión minuciosa a partir de los pequeños detalles de la naturaleza y del contexto e idiosincrasia del ambiente social de aquella vida rural que moldea ingeniosamente en sus versos o en la construcción de múltiples personajes, que siempre tienen un trasfondo de pueblo un tanto lúgubre, un tanto oscuro (*Yerma*, *Bodas de sangre* o *La casa de Bernarda Alba*, su trilogía rural).

Del corazón de la Vega de Granada

Lorca tenía una mirada especial hacia los lugares y su belleza distinta, y despertó en él su primer —y único— libro en prosa, *Impresiones y paisajes*, publicado en 1918, al que siguieron éxitos como su obra *Canciones*. Se sentía de pueblo:

> Toda mi infancia es pueblo. Pastores, campos, cielo, soledad. Sencillez, en suma. Yo me sorprendo mucho cuando creen que esas cosas que hay en mis obras son atrevimientos míos, audacias de poeta. No. Son detalles auténticos, que a mucha gente le parecen raros porque es raro también acercarse a la vida con esta actitud tan simple y tan poco practicada: ver y oír... (Obras completas, III).

Su entorno le marcó, y poner en valor su tierra, le honra y le honró. Como Ian Gibson —el gran estudioso del poeta— afirma, «Federico García Lorca gustaba de proclamar que era granadino». «Yo soy del corazón de la Vega de Granada».

Y llegó el dolor, o la incomprensión, o el desasosiego, o la sensación de soledad, o el desacuerdo o el desamparo, o la renovación, o la búsqueda, o todo a la vez. La publicación de su obra *Primer romancero gitano* provocó en Lorca una profunda crisis por las críticas recibidas incluso por parte de amigos a los que tanto admiraba. Y puso tierra, a su tierra, de por medio. Se desvinculó de su ambiente andaluz para encontrarse con Nueva York.

Lorca siempre se supo rico, siempre sintió la distancia. Y, sin embargo, nunca dejó de sufrir por los que sufren, por las injusticias, por la marginalidad.

Septiembre de 1931. Inauguración de la primera Biblioteca Pública de Fuente Vaqueros, su pueblo. El poeta más internacional del momento, Federico García Lorca comienza su discurso con emoción en la garganta: «Antes que nada yo debo deciros que no hablo, sino que leo». Y allí defendió el poder de la cultura en el desarrollo de la civilización y de las personas:

> No solo de pan vive el hombre. Yo, si tuviera hambre y estuviera desvalido en la calle, no pediría un pan; sino que pediría medio pan y un libro. [...] Bien está que todos los hombres coman, pero que todos los hombres sepan, porque lo contrario es convertirlos en máquinas.

Corazón alado

Lorca representa una conexión profunda entre la cultura, la identidad, la diversidad, el respeto y el presente, todo conectado a su extraordinaria curiosidad. Y resuena profundamente a preocupaciones contemporáneas y universales.

Porque su legado nos recuerda la importancia de preservar la identidad, alimentar el cuerpo y sobre todo la cultura «porque la agonía del alma dura toda la vida». Continúa diciendo en su discurso en la inauguración de la biblioteca: «(...) porque todavía la ignorancia es terrible y ya sabemos que donde hay ignorancia es muy fácil confundir el mal con el bien y la verdad con la mentira».

Su trágica muerte sigue suscitando tormento. Y preguntas.

«Federico, que me hacía reír como nadie y que nos enlutó a todos por un siglo» dijo Pablo Neruda, el poeta chileno que nos rompió por dentro con su «puedo escribir los versos más tristes esta noche» de su libro *Veinte poemas de amor y una canción desesperada*, publicado con solo 24 años. Y describía así a su amigo: «Nunca he visto reunidos como en él la gracia y el genio, el corazón alado y la cascada cristalina. Federico García Lorca era el duende derrochador, la alegría centrífuga que recogía en su seno e irradiaba como un planeta la felicidad de vivir».

Resuena de nuevo en mi cabeza su poema cantado por bulerías. Y la voz de mi madre.

«Anda, jaleo, jaleo:
ya se acabó el alboroto…».

Figura 10.1. Manuscrito de la *Fábula y rueda de los tres amigos*, por Federico García Lorca

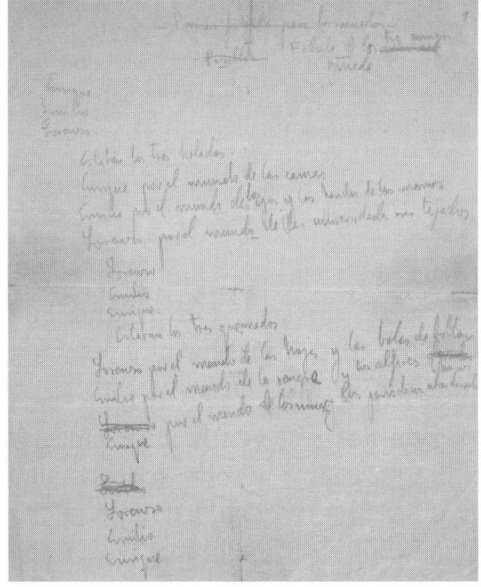

Fuente: Cortesía del Archivo Fundación Federico García Lorca (Centro Federico García Lorca).

En la cara B

Federico García Lorca desafió las normas establecidas del teatro. Su profundo entendimiento de la condición humana y su genio creativo siguen cautivando, inspirando e impactando. Eso y su *duende*, el que tenía, ese «duende derrochador de Federico del que habla Neruda y el que explicó. En 1933 tuvo lugar una de las conferencias más célebres de Lorca, «Juego y teoría del duende», esa emoción que definió como un «poder misterioso que todos sienten y que ningún filósofo explica». Expone Lorca su entendimiento del arte como provisto de un misterio que le es consubstancial. Se trata de algo muy difícil de explicar, parte de la poesía pero también del resto de las disciplinas artísticas y hace que estas sean irreducibles a una mera explicación. «Para buscar al duende no hay mapa ni ejercicio, solo se sabe que quema la sangre como un trópico de vidrios, que agota, que rechaza toda la dulce geometría aprendida, que rompe los estilos, que se apoya en el dolor humano que no tiene consuelo (…)». Según el estudio elaborado por los doctores Jesús Romero Imbroda, jefe del Servicio de Neurología del Hospital Quirónsalud Málaga, y Cristóbal Carnero Pardo, «reflexionamos sobre qué circunstancias se dan en el cerebro para que el concepto más aproximado de duende, ese pellizco que emociona no solo al intérprete sino a aquellos que están escuchando o viviendo esa actuación, se produzca». Explica el doctor Romero sobre el estudio, denominado «Arte flamenco y neurociencia: en busca del duende» y publicado en la revista de neurohumanidades *Kranion*: «El duende no puede ser más que emoción, y como tal, está dormido y se activa en determinadas circunstancias acompañándose de una respuesta fisiológica y corporal florida».

Afirmaba Lorca: «Todas las artes son capaces de duende». «Duende», «ángel», ese «nosequé» que emociona el alma y para el que la creatividad es su jardín de juego.

Y centrándonos en el mundo de las empresas, en las próximas décadas, la creatividad será clave para hacer bien la mayoría de los trabajos. Y algo de «duende» para conectar a través de la comunicación.

Muchos son los investigadores que señalan que la creatividad será esencial en este futuro que se siente presente. En el artículo de *Harvard Business Review* «Una comprensión más profunda de la creatividad en el trabajo», se afirma que la creatividad es la columna vertebral de la innovación y, en última instancia, del éxito empresarial.

Gabriella Rosen Kellerman, médica y directora de producto e innovación en BetterUp, y el Dr. Martin Seligman describen cuatro tipos de creatividad: integración, o demostrar que dos cosas que parecen diferentes son lo mismo; división, o ver cómo cosas que parecen iguales son más útiles divididas en partes; inversión figura-fondo, o darse cuenta de que lo crucial no está en primer plano sino en segundo plano; y pensamiento distal, que implica imaginar cosas muy diferentes del aquí y ahora. La mayoría de nosotros tendemos a pensar de una sola de esas cuatro maneras. Pero podemos perfeccionar nuestra capacidad creativa en otras dimensiones. En medio de los avances sorprendentes en tecnología e inteligencia artificial, las personas que perfeccionen su creatividad destacarán. La creatividad, tal como la entiende el publicista Luis Bassat, es una facultad innata del hombre, que va mucho más allá de un invento concreto. Se trata de la capacidad de aportar grandes avances que pueden modificar el rumbo de la historia y cambiar las condiciones de vida de toda la humanidad, «es ir por la vida pensando cómo mejorar las cosas». Seligman y Kellerman animan a retarnos. Comprender nuestros puntos fuertes como individuos es siempre el primer paso. «Busca dónde aplicarlos y vigila que no se utilicen en exceso. En tu oportunidad de innovar, esfuérzate por pensar en los estilos que te resulten menos naturales. Antes de decidirte por un camino, desafíate a ti mismo a definir al menos una opción para cada uno de los cuatro estilos».

«La creatividad no tiene ni fondo ni techo, aunque haya partes de su crecimiento que sean lentas. El ingrediente que se precisa es la fe, entendida como confianza férrea en uno mismo», afirma Julia Cameron, autora del libro *El camino del artista* que tantos otros artistas han utilizado y valorado. Se trata de un libro repleto de herramientas, un recorrido en comprobar que esa frase tan usada, «yo no soy una persona creativa», no es sino una autolimitación, rendirse sin ilusionarse ante el intento.

Walter Isaacson (2014) concluye en su libro *Los innovadores: los genios que inventaron el futuro*:

> Me llamó la atención el hecho de que la creatividad más auténtica de toda la era digital proviniera de aquellos que fueron capaces de conectar arte y ciencia… Como muchos otros aspectos de la era digital, esta idea de que la innovación reside allí donde se unen arte y ciencia no es nueva. Leonardo da Vinci fue el perfecto ejemplo —y su dibujo del Hombre de Vitruvio se convirtió en el símbolo— de la creatividad que florece cuando interactúan ciencias y letras. Cuando Einstein se sentía bloqueado mientras trabajaba en la relatividad general, cogía su violín y tocaba música de Mozart hasta que volvía a conectar con lo que él denominaba la «armonía de las esferas».

Afirma Julia Cameron que «la creatividad es como la maleza: renace con muy poquitos cuidados».

La creatividad progresa en la curiosidad y la imaginación, donde las ideas se entrelazan; se nutre de la observación atenta y sin prejuicios, de una mente abierta, el valor de experimentar, de conectar y la decisión de entrenar. La creatividad no es un don ni un superpoder. La creatividad es una actitud.

Algo para ver y escuchar

En su famosísima Ted Talk, Sir Ken Robinson, experto en creatividad, cuestionó el modo en que se educa, defendiendo un replanteamiento radical en la manera y forma en la que los sistemas escolares cultivan la creatividad y deben reconocer los múltiples tipos de inteligencia.

Se puede ver el vídeo escaneando el QR o a través del siguiente enlace: www.ted.com/talks/sir_ken_robinson_do_schools_kill_creativity

Luís Bassat es un extraordinario y reconocido publicista. Ha ganado más de 400 premios en los festivales publicitarios de Cannes, Nueva York, Londres, Iberoamérica y España, además de importantes reconocimientos a su trayectoria profesional.

Se puede ver el vídeo escaneando el QR o a través del siguiente enlace: https://aprendemosjuntos.bbva.com/especial/las-ensenanzas-de-vida-de-un-abuelo-a-su-nieto-luis-bassat/

Duncan Wardle ha sido director de creatividad de Disney. Hay una versión corta: «Eres creativo, lo sepas o no» y la versión larga es «cómo crecer sin perder la creatividad».

Se puede ver el vídeo escaneando el QR o a través del siguiente enlace: https://www.youtube.com/watch?v=POkr8R1bgD8

Algo para leer

Se puede ver el vídeo escaneando el QR o a través del siguiente enlace: https://hbr.org/2023/01/cultivating-the-four-kinds-of-creativity

¿La IA matará la creatividad?

Se puede ver el vídeo escaneando el QR o a través del siguiente enlace: https://www.uoc.edu/es/news/2024/ia-matara-creatividad

Algo especial

La autora de *El camino del artista*, Julia Cameron (2024), recomienda encarecidamente una herramienta fundamental para la recuperación de la creatividad. Creo que tiene mucho de inspiración y algo casi sanador. Y desde luego es especial. Denle una oportunidad y póngalo en práctica.

Cameron lo llama las *páginas matutinas*. Al principio puede parecer que no llevan a nada… y sin embargo la magia ocurre.

Se escriben cada día. Animo a que lo hagan durante 21 días, esos días en los que parece que se construye un hábito. Se trata de páginas manuscritas de flujo de conciencia; no tienen por qué tener hilo conductor ni ser perfectas; no pretenden ser arte ni siquiera escritura en sentido literario. Se trata de divagaciones. Pueden ser ideas simples, enfados, quejas, alegrías, recados… todo lo que se le pase por la cabeza. No se vuelve a hojear, se escriben aproximadamente tres páginas cada mañana.

Afirma Cameron: «Las páginas matutinas nos llevan al otro lado: de nuestros miedos, de nuestra negatividad, de nuestros altibajos. Sobre todo, nos alejan de nuestro propio censor» (…). Rescatan de la desesperación y nos empujan hacia puertas de emergencia que se convierten en insospechadas salidas con las que ni siquiera habíamos soñado; o quizás son extraordinarias puertas de entrada a un nuevo ciclo, a una nueva etapa, a una nueva manera de mirar. La escritura, esas páginas, nos empujan a reconectar con nosotros, con nuestra propia voz.

«Cualquiera que sea constante en la escritura de las páginas matutinas llegará a conectarse con la fuente de sabiduría que hay en su interior», Cameron.

Disfrútenlas, hagan suya esta herramienta y recuerden que la creatividad requiere atrevimiento; tiene algo de valentía.

«La creatividad requiere el coraje de dejar ir las certezas», Erich Fromm.

Referencias

Aranda-Torres, C. (2005). El duende: una aportación de Lorca a la estética contemporánea. *Almería hacia el 2005*, 24-29.

Arango, M. A. (1995). *Símbolo y simbología en la obra de Federico García Lorca* (Vol. 27). Editorial Fundamentos.

Bassat, L. (2025). Bassat. *Luisbassat.com.* Disponible en https://www.luisbassat.com/

Brando, O. (2017). Federico García Lorca: Biografías del corazón. *Letral.*

CAMERON, J. (2024). *El camino del artista*. Aguilar.

CENTRO FEDERICO GARCÍA LORCA (2016). Teoría del duende. *Centro Federico García Lorca*. Disponible en https://www.centrofederico-garcialorca.es/es/actividades/exposiciones/17/teoria-del-duende-en-el-centro-federico-garcia-lorca

EDUARTE, B. (2023). El duende de Federico. *Zenda Libros*. Disponible en https://www.zendalibros.com/el-duende-de-federico/

GARCÍA MONTERO, L. (1986). *El teatro, la casa y Bernarda Alba*.

GIBSON, I. y GARCÍA LORCA, F. (1998). *García Lorca: biografía esencial*. Península.

GIBSON, I. y PALOMO, Q. (2018). *Vida y muerte de Federico García Lorca*. Ediciones B.

ISAACSON, W. (2014). *Los innovadores: Los genios que inventaron el futuro*. Debate.

KELLERMAN, G. R. y SELIGMAN, M. E. (2023). Cultivating the four kinds of creativity. *Harvard Business Review, 101*(1–2), 138-143.

– (2023). *Tomorrowmind: Thriving at work with resilience, creativity, and connection—Now and in an uncertain future*. Simon and Schuster.

LORCA, F. G. (2012). *Poesía completa*. Vintage Español.

– (2015). *Obras Completas de Federico García Lorca: Biblioteca de Grandes Escritores*. IberiaLiteratura.

– (2016). La casa de Bernarda Alba (1936). In *Letras hispánicas en la gran pantalla* (pp. 105-123). Routledge.

LORCA, F. G., MAURER, C. y ANDERSON, A. A. (1997). *Epistolario completo*. Cátedra.

MARINETTO, P. (2022). ¿Qué es el «duende» que definió Lorca? Neurólogos andaluces explican su origen. *ABC*. Disponible en https://www.abc.es/espana/andalucia/malaga/duende-definio-lorca-neurologos-andaluces-explican-origen-20220720140621-nts.html

MONTERO, L. G. (2016). *Un lector llamado Federico García Lorca*. Taurus.

MORALES, A. (1998). «Metrópolis» de Fritz Lang y «Poeta en Nueva York» de Federico García Lorca. *Revista chilena de literatura*, (53), 137-143.

ROMÁN ROMÁN, I. (2003). Los mitos clásicos en la poesía de Federico García Lorca. *Anuario de Estudios Filológicos*.

ROMERO, J. y CARNERO. C. (2022). Arte flamenco y neurociencia: a la búsqueda del duende. *Kranion*. Disponible en https://www. kranion.es/portadas/kranion_22_17_supl-1.pdf

Maya Angelou recitando su poema *On the Pulse of Morning* en la Inauguración Presidencial del Presidente Bill Clinton en 1993.
Fuente: Cortesía de la William J. Clinton Presidential Library.

11

Resiliencia a ritmo de *blues*: Maya Angelou

«La escritura, donde estoy libre de dolor, donde nadie me dice qué hacer».

MAYA ANGELOU

(…) Puedes dispararme con tus palabras,
puedes herirme con tus ojos,
puedes matarme con tu odio,
y aun así, como el aire, yo me levanto.

Maya Angelou (2013)

Yo sé por qué canta el pájaro enjaulado

El destino es caprichoso. Hace mucho tiempo leía en una lista interminable de cursos que ofrecía UCD (University College Dublin) un título que no podía dejar pasar. Pese a que vivía en Dublín, el horario me resultaba complicado, el momento inoportuno, la materia no estaba centrada en lo que estudiaba, la exigencia era muy alta. Todo en contra. Pero supe de inmediato que no lo podía dejar pasar.

Lo vi y lo escogí. O quizás me escogió a mí por esas carambolas de la providencia. Me dejó una huella imborrable, nombres en mi cabeza y sensibilidad hacia temas no pensados hasta entonces, no sentidos, no vividos. Se llamaba «Literatura de la opresión». Y, entre los nombres, estaba el de Maya, Maya Angelou. Su autobiografía *Yo sé por qué canta el pájaro enjaulado* me rasgó el corazón. Porque esta primera de las siete novelas autobiográficas de Maya deja marcas y arañazos de dolor, de incomprensión y también de belleza honesta hasta la raíz, un libro donde se transita.

Y aquí estoy. Nombrando a quien un día perdió la voz de dolor. Nombrando a quien me enseñó lo que de verdad es la resiliencia sin conocer la palabra, quizás intuyendo que existía.

La gran poeta, escritora, activista, defensora de los derechos civiles y la igualdad, y figura influyente de la cultura afroamericana Maya Angelou, vivió intensamente. Y esa intensidad la reflejó en su poesía y en sus libros autobiográficos que llevan a lo profundo de su compleja vida de manera directa, sincera, clara.

Madre a los 17 años, pasó por mil y un oficios: escritora, cocinera, poeta, camarera, editora, directora y productora de numerosas producciones, guionista, cantante, compositora, actriz, bailarina, periodista, activista por los derechos civiles de las personas afroamericanas, catedrática de Ética y Filosofía en Wake Forest University en Carolina del Norte (Poetry Foundation, 2021). Amó ser profesora. En una entrevista concedida a *USA Today* en 2008, Angelou habló de la enseñanza: «No soy una escritora que enseña. Soy una profesora que escribe. Pero tuve que trabajar en Wake Forest para saberlo».

Marguerite Annie Johnson (San Luis, Misuri, 1928-Carolina del Norte, 2014) nació un 4 de abril en Estados Unidos. Sus padres se separaron, y su hermano Bailey Junior y Maya —como Bailey la llamaba— se fueron a vivir con su rigurosa abuela. Maya Angelou fue violada por la nueva pareja de su madre a los 7 años. Llevado a juicio y enviado a prisión, muere asesinado y Maya Angelou sintió

que su voz le había matado. Y todo ello la enmudeció, literalmente.
Y así lo cuenta en *Yo sé por qué canta el pájaro enjaulado*: «Creí que mi
voz lo había matado; yo maté a ese hombre, porque dije su nombre.
Y después pensé que nunca volvería a hablar, porque mi voz podría
matar a cualquiera». Dejó de hablar durante cinco años. Perdió su
voz: «Mi mundo de niña quedó hecho pedazos que no volverían a
recomponerse».

Tantos arcoíris en mis nubes

Con voz propia se puede escuchar y ver a Maya Angelou en ese
YouTube que a veces nos sorprende con regalos como este diciendo:

> Tengo tantos arcoíris en mis nubes. Tengo un montón de
> nubes, pero he tenido tantos arcoíris. Y una de las cosas que
> hago cuando me coloco en un escenario, cuando voy a impartir
> una clase, cuando voy a dirigir una película… yo traigo a cual-
> quiera que haya sido amable alguna vez hacia mí, conmigo. Les
> digo ¡ven conmigo, voy al escenario! ¡Ven conmigo, te necesito
> ahora! (…). Y lo que podemos hacer es prepararnos y así ser
> un arcoíris en la nube de otra persona. Sé una bendición para
> alguien.

Obtuvo un Premio Grammy, fue nominada a un Emmy y recibió
más de cincuenta títulos honoríficos. Eso es solo un escueto resumen de su intensa trayectoria y nada comparado con su intensa vida
de lucha, de tenacidad, de inquebrantable fortaleza, de resiliencia.
Y por tener claro ese concepto de resiliencia que los malos tiempos
han puesto de moda, recurramos al Dr. Albert Oriol Bosch, presidente de honor de la Fundación Educación Médica y de las Ciencias
de la Salud, quien definió así la resiliencia:

> En el ámbito de las ciencias de la vida, resiliencia expresa la
> adaptabilidad de los individuos o los grupos frente a los retos o
> amenazas y se ha definido como la capacidad para vivir, desarro-
> llarse positivamente o superarse […] frente al estrés o las adver-
> sidades que pueden normalmente ser causa de consecuencias

negativas. Es un concepto positivo que reconoce los mecanismos para hacer frente exitosamente a los contratiempos y a las adversidades y que refuerza a los individuos.

Sin embargo, esos mecanismos de los que habla el Dr. Oriol Bosch esconden también inseguridades que afectaban y jugaban malas pasadas, como en una partida de cartas trucada, a la valiente Maya Angelou, esa Maya que un día perdió la voz. Describió muy bien cómo se siente quien padece el síndrome del impostor, tan bien que produce un terrible desasosiego, una ternura incontenible: «He escrito once libros, pero cada vez pienso que me van a descubrir de repente. Como si se la hubiese jugado a todo el mundo y me fuesen a pillar».

En 1959 conoció al novelista John Oliver Killens y, a propuesta de él, regresó a Nueva York para iniciar una carrera como escritora. Y tras escuchar a Martin Luther King en una iglesia del barrio, decide involucrarse en la lucha por los derechos civiles. En 1961 inició una relación con el activista sudafricano Vusumzi Make y de nuevo su vida da un giro. Tras romperse la relación, se trasladó a Ghana, donde coincidió con Malcolm X. Decide regresar a su país para ayudarle a construir la Organización de la Unidad Afroamericana. La muerte de Malcom X poco después la dejó totalmente conmocionada y de nuevo sufrió un revés de ese cruel destino del que tanto hablaba Shakespeare: la muerte de Martin Luther King.

Después de tiempo de duelo profundo, de preguntas urgentes y de apoyo de amigos, retomó su actividad, su carrera, la música, la melancolía de su *blues*, su poesía… Y con la adversidad como profesora de destino, Maya Angelou enseñó de manera generosa que la verdadera valentía es la resiliencia, que sobreponerse y seguir avanzando es existir, que la empatía es la forma de alzar la voz por otros; y predicó con el ejemplo con su poema *Y a pesar de todo me levanto*.

A todas las hijas

En *Carta a mi hija*, a una hija que nunca tuvo, Maya Angelou extiende como con un manto protector su generosidad, su sabiduría, su experiencia, sus consejos, su valentía y su compromiso a todas las hijas.

> Puede que no controles todos los acontecimientos que te suceden, pero puedes decidir no verte reducido por ellos. Intenta ser un arcoíris en la nube de alguien. No te quejes. Haz todo lo posible por cambiar las cosas que no te gustan. Si no puedes cambiar nada, cambia tu forma de pensar. Puede que encuentres una nueva solución. Nunca te quejes. Lloriquear permite a un bruto saber que hay una víctima en el vecindario. Asegúrate de no morir sin haber hecho algo maravilloso por la humanidad.

Como un humilde homenaje a lo que Maya Angelou me hizo sentir, a ese arcoíris que fue en mi nube, a veces finalizo mis clases, mis conferencias y permítanme que también sea el final de este libro con una de sus citas, que no es ni más ni menos que una última o quizás una primera lección de vida.

> «He aprendido que la gente olvidará lo que dijiste,
> olvidará lo que hiciste,
> pero nunca olvidará cómo les hiciste sentir».
>
> Maya Angelou

En la cara B

No resulta complejo llevar la convicción al mundo del liderazgo porque precisamente el liderazgo necesita de una visión clara, concreta, con una motivación y determinación que impulsa a seguir adelante incluso o, quizás, mejor dicho, especialmente en momentos de adversidad, que es donde la resiliencia trabaja a destajo por lucirse, por demostrar su valioso poder. Con la convicción de mirar más allá por el bien común del equipo, sin la testarudez de quien se siente sabedor, sino con la humildad de quien sabe dónde va. Como Séneca decía, «si no sabes a qué puerto te diriges, ningún viento te es favorable».

La resiliencia es una extraordinaria capacidad: la de sobreponernos y avanzar en momentos adversos y situaciones hostiles. Es extraordinaria por lo que implica de esfuerzo, por lo que supone de un dolor intrínseco del que hay que salir como de una mala curva, con fuertes dosis de decisión y arrojo. La RAE define *resiliencia* como «capacidad de adaptación de un ser vivo frente a un agente perturbador o un estado o situación adversos».

Boris Cyrulnik, psiquiatra, neurólogo y psicoanalista, dio a conocer el concepto de resiliencia en el campo de la psicología en su *bestseller Los patitos feos: la resiliencia. Una infancia infeliz no determina la vida*, donde afirma que «ninguna herida es un destino». Este libro se ha convertido en un referente para entender este concepto. Para el autor, los patitos feos son una analogía de las personas heridas que pueden transformarse; historias de vida de dolor transformadas. Afirma el Dr. Cyrulnik que no existe resiliencia si no se metamorfosea el dolor y se le dota de significado. Afirman los doctores King y Rothstein que, dado que los líderes deben tomar decisiones precisamente con convicción, decisiones que implican cierto grado de riesgo, es más probable que experimenten el fracaso. Por ello, la resiliencia es una competencia de liderazgo fundamental.

Comprender la importancia de la resiliencia, sus factores determinantes y las formas de potenciarla son de gran importancia en el liderazgo y en la vida. Señala Dean Becker, fundador de Adaptive Learning Strategies, en un artículo publicado en 2002 en *Harvard Business Review*: «Más que la educación, más que la experiencia, más que la formación, el nivel de resiliencia de una persona determinará quién tiene éxito y quién fracasa».

Para ver y escuchar

El Dr. Boris Cyrulnik habla sobre la resiliencia en este vídeo: *Resiliencia: el dolor es inevitable: el sufrimiento es opcional*.

Se puede ver el vídeo escaneando el QR o a través del siguiente enlace: https://www.youtube.com/watch?v=_lugzPwpsyY

El escritor Dan Pontefract explora en su podcast *Leadership Now* todos los aspectos del liderazgo, la cultura organizativa, el propósito y el desarrollo profesional. Entre sus invitados se encuentran Arianna Huffington, Daniel Pink, Alan Mulally, Tiffani Bova o Roger Martin. Esta es una entrevista a la atleta Sarah Wells sobre resiliencia.

Se puede escuchar el pódcast escaneando el QR o a través del siguiente enlace:
https://www.danpontefract.com/podcast/how-olympian-sarah-wells-found-resilience-through-quitting/

Para leer

¿Cómo se debe liderar en un mundo en constante cambio? Artículo del escritor Dan Pontefract.

Se puede leer el artículo escaneando el QR o a través del siguiente enlace:
https://forbes.es/empresas/446325/asi-es-como-se-debe-liderar-en-un-mundo-en-constante-cambio/

Simone Biles una historia de resiliencia, de oro, de convicción, de cuento y de final feliz.

Se puede ver el vídeo escaneando el QR o a través del siguiente enlace:
https://www.lavanguardia.com/gente/20240801/9841402/sabias-simone-biles-dura-infancia-reinar-olimpo-dioses.html

Maya Angelou ha sido la inspiración de Simone Biles, su musa, su talismán. Tanto, que lleva tatuado en su piel *And still i rise*. Y, a pesar de todo, me levanto.

Se puede ver el vídeo escaneando el QR o a través del siguiente enlace:
https://www.netflix.com/es/title/81700902

Algo especial

Escuchar a Maya Angelou es emocionante. Este «sé un arcoíris en la nube de otra persona», en sus labios, con sus palabras, tiene algo de mágico y mucho de especial.

Se puede ver el vídeo escaneando el QR o a través del siguiente enlace:
https://youtu.be/_XfxxwcT6d0

Para no olvidar

«Asegúrate de no morir sin haber hecho algo maravilloso por la humanidad», Maya Angelou.

Referencias

ANGELOU, M. (1997). *I know why the caged bird sings*. Bantam.

– (2008). *Letter to my daughter.* Random House.

– (2012). *The collected autobiographies of Maya Angelou.* Modern Library.

– (2013). *And still I rise.* Hachette UK.

– (2014). *Rainbow in the cloud: The wisdom and spirit of Maya Angelou.* Random House.

BBC NEWS (2022). Quién fue Maya Angelou, la primera mujer negra que aparece en una moneda en Estados Unidos. *BBC News*. Disponible en https://www.bbc.com/mundo/noticias-59947291

BRITANNICA (2025). Maya Angelou. *Britannica.* Disponible en https://www.britannica.com/biography/Maya-Angelou

CAMPBELL, D., CAMPBELL, K. y NESS, J. W. (2008). Resilience through leadership. In *Biobehavioral resilience to stress* (pp. 79-110). Routledge.

COUTU, D. (2002). How Resilience Works. *Harvard Business Review.* Disponible en https://hbr.org/2002/05/how-resilience-works https://www.mayaangelou.com/

CYRULNIK, B. (2013). *Sálvate, la vida te espera.* Debate.

– (2013). *Los patitos feos: La resiliencia. Una infancia infeliz no determina la vida.* DEBOLSILLO.

KING, G. A. y ROTHSTEIN, M. G. (2010). Resilience and leadership: The self-management of failure. In *Self-management and leadership development.* Edward Elgar Publishing.

LA VANGUARDIA. (s.f.). Maya Angelou. *La Vanguardia.* Disponible en https://www.lavanguardia.com/libros/autores/maya-angelou-59584

LÓPEZ, A. (2018). Maya Angelou, una vida completa desde la supervivencia. *El País.* Disponible en https://elpais.com/cultura/2018/04/04/actualidad/1522818455_771877.html

NEUBAUER, C. E. y ANGELOU, M. (1987). An interview with Maya Angelou. *The Massachusetts Review,* 28(2), 286-292.

ORIOL-BOSCH, A. (2012). Resiliencia. *Educación médica,* 15(2), 77-78.

SINEK, S. (2009). *Start with why: How great leaders inspire everyone to take action.* Penguin.

— (2014). *Leaders eat last: Why some teams pull together and others don't.* Penguin.

SOUTHWICK, F. S., MARTINI, B. L., CHARNEY, D. S. y SOUTHWICK, S. M. (2017). *Leadership and resilience. Leadership today: Practices for personal and professional performance,* 315-333.

SPRING, K. (2017). *Maya Angelou. National Women's History Museum.* Disponible en https://www.womenshistory.org/education-resources/biographies/maya-angelou

YONGO, S. (2024). 15 Must-Read Maya Angelou Poems That Inspire. *Forbes.* Disponible en https://www.forbes.com/sites/entertainment/article/maya-angelou-poems/

Referencias generales

ANDREU-PINTADO, F. J. (2001). Algunas consideraciones sobre la «liberalitas» en el «De officiis» de Cicerón. *Anuario Filosófico, 34*(2), 541-554.

ARAFAT, S. F. (2019). Reflection of William Ernest Henley's Own Life through the Poem Invictus. *International Journal of English, Literature and Social Science.*

CERVANTES SAAVEDRA, M. DE (2015). *Don Quijote de la Mancha.* Editorial Verbum.

DE VIVO, I. y LUMERA, D. (2024). *The Biology of Kindness: Six Daily Choices for Health, Well-being, and Longevity.* MIT Press.

E2020 (2017). Equivocarse, la parte más importante de la innovación. *E2020.* Disponible en https://www.emprendedores2020.es/news/equivocarse-la-parte-mas-importante-la-innovacion/

MARÍN, R. (2019). *Pon en forma tu cerebro. Plan de actividades, probióticos y recetas para mejorar tu cerebro.* Roca editorial.

NACIONES UNIDAS (s.f.) La ciencia de la gratitud. *Naciones Unidas.* Disponible en https://www.unodc.org/unodc/es/listen-first/super-skills/gratitude.html

SANCHÍS, I. (2015). Las personas con resentimiento se mueren antes. *La Vanguardia.* Disponible en https://www.lavanguardia. com/lacontra/20151014/54438079955/la-contra-everett-worth-ington.html

SHAKESPEARE, W. (2020). *Las obras completas de William Shakespeare.* Zeuk Media.

WORTHINGTON, E. L. Jr. (Ed.). (2007). *Handbook of forgiveness.* Routledge.

– (2013). *Forgiveness and reconciliation: Theory and application.* Routledge.

Epílogo

Todas y cada una de estas historias han llegado a mí casi por sorpresa y dejan mucho más que el recuerdo de su legado (y espero que también a quien está a punto de terminar este libro); dejan la presencia imborrable de sus vidas: vidas de resiliencia, de lucha, de arte, de inspiración, de convicción, de valores, de amor, de pasión, de naturaleza, de verdad. **De coraje.**

Al cerrar estas páginas, le invito a compartir, a revisitar, a sentir la esencia de estas vidas extraordinarias. Que sus historias le inspiren a encontrar su propia fuente de coraje, su propio *grit*. Decía Aldoux Huxley: «La experiencia no es lo que te ocurre; es lo que haces con lo que te ocurre».

Porque el verdadero legado de estas historias no termina aquí; termina con lo que hagamos de ellas y con ellas; termina o quizás comienza con nuestro propio capítulo.

«Solo hay dos formas de vivir la vida. Una es como si nada fuera un milagro. La otra es como si todo fuera un milagro».

Albert Einstein